高等职业技术教育"十三五"规划教材——铁道工程技术

铁路线路监测与养护实训指导书

主　编　　王大帅　　陈彦恒　　卞家胜

副主编　　齐　悦　　耿文燕

主　审　　王为林

西南交通大学出版社

·成　都·

图书在版编目（CIP）数据

铁路线路监测与养护实训指导书 / 王大帅，陈彦恒，
卞家胜主编. —成都：西南交通大学出版社，2019.1
ISBN 978-7-5643-6726-8

Ⅰ.①铁… Ⅱ.①王… ②陈… ③卞… Ⅲ.①铁路线
路－监测－高等职业教育－教材②铁路养护－高等职业教
育－教材 Ⅳ.①U216

中国版本图书馆 CIP 数据核字（2019）第 016710 号

铁路线路监测与养护实训指导书

主编　王大帅　　陈彦恒　　卞家胜

责 任 编 辑	杨　勇
封 面 设 计	何东琳设计工作室
	西南交通大学出版社
出 版 发 行	（四川省成都市二环路北一段 111 号
	西南交通大学创新大厦 21 楼）
发行部电话	028-87600564　028-87600533
邮 政 编 码	610031
网　　　址	http://www.xnjdcbs.com
印　　　刷	四川煤田地质制图印刷厂
成 品 尺 寸	185 mm × 260 mm
印　　　张	7.25
字　　　数	181 千
版　　　次	2019 年 1 月第 1 版
印　　　次	2019 年 1 月第 1 次
书　　　号	ISBN 978-7-5643-6726-8
定　　　价	23.80 元

前　言

　　本书是国家优质高等职业院校建设规划实训教材，面向铁路线路检查与养护施工领域，在铁路线路工初、中、高级工及技师应掌握的职业技能的基础上，以任务为驱动，合理设计教学内容和实训项目，主要包括铁路轨道结构认知、线路检查与养护作业、道岔与曲线检查与养护作业等内容，同时包括了铁路线路检查作业中常用的测量表格和记录表格，实用性强。本书可作为高中职院校相关课程的项目化教学的配套实训教材，也可作为各铁路局职工的岗位培训教材，还可作为相关工程技术人员的学习参考书。

　　本书由郑州铁路职业技术学院王大帅、陈彦恒、卞家胜主编和统稿，郑州铁路职业技术学院齐悦、耿文燕为副主编，王为林为主审。在编写过程中，编者同时得到了郑州铁路局郑州桥工段的大力支持，在此一并表示感谢。

　　由于编者水平有限，书中疏漏、不足之处再所难免，恳请广大读者批评指正。

编　者

2018 年 10 月

目　录

任务一　钢轨断面图的认识与绘制 ··· 1

任务二　钢轨接头与磨耗的测量 ··· 7

任务三　轨枕和扣件认知 ··· 13

任务四　道床标准断面整修 ··· 17

任务五　无砟轨道结构认知 ··· 20

任务六　单开道岔的结构认知 ··· 25

任务七　普通单开道岔的几何形位认知 ··· 28

任务八　绘制道岔的总布置图 ··· 33

任务九　机车车辆走行部分测量 ··· 36

任务十　工务基本测量工具的使用 ··· 40

任务十一　线路静态检查 ··· 43

任务十二　轨检车资料分析 ··· 48

任务十三　手工检查钢轨 ··· 55

任务十四　单开道岔的几何尺寸检查 ··· 58

任务十五　钢轨铝热焊焊接 ··· 62

任务十六　线路抄平作业 ··· 66

任务十七　线路方向校正作业 ··· 70

任务十八　手工捣固作业 ··· 73

任务十九　清筛道床作业 ··· 76

任务二十　线路起道作业 ··· 79

任务二十一　高速铁路扣件系统的维修保养作业 ····································· 82

任务二十二　使用轨道检查仪进行线路检查作业 ····································· 85

任务二十三　曲线绳正法拨道 ·· 88

任务二十四　曲线缩短轨配轨计算 ·· 95

任务二十五　铁路工程线路沉降变形观测施工方案编制实训 ································· 101

任务一　钢轨断面图的认识与绘制

一、实训目的与要求

（1）了解常用钢轨的基本尺寸以及不同类型钢轨间的区别与联系。

（2）掌握钢轨的基本构造及主要特征。

（3）掌握钢轨断面图的绘制方法，加深对不同类型钢轨结构的认识和理解。

二、实训分组与仪器工具

每 4~6 位同学一个小组，每组所需工具如表 1.1 所示。

表 1.1　仪器工具表

序号	名　　称	数　　量
1	绘图板	4
2	绘图工具	4
3	丁字尺	4

三、实训方法与步骤

1. 实训任务

以小组为单位，完成以下任务：

（1）按照工程制图规范要求绘制我国常用的 43、50、60、75 kg/m 四种轨型断面图。

（2）绘图准确，标注完整（仅标注钢轨高度、轨头宽度、轨头高度、轨腰厚、轨底宽度）。

（3）符合《铁路用热轧钢轨》（GB-2585—2007）的要求。

2. 钢轨类型及断面尺寸的认识

（1）查阅《铁路用热轧钢轨》（GB-2585—2007）及其他相关资料，了解钢轨类型的划分依据，明确我国 4 种主要钢轨是以每米大概质量数划分的。

（2）观察各种类型钢轨模型，总结分析不同种钢轨的异同。明确钢轨采用工字型断面，由轨头、轨腰和轨底三部分组成，钢轨断面的主要参数有 4 个，分别为轨头顶部宽度（b）、轨腰厚度（t）、钢轨高度（H）及轨底宽度（B）。

（3）我国常用的 4 种钢轨断面尺寸及特性见表 1.2。

表 1.2　钢轨断面尺寸及特性

钢轨类型/（kg/m）	43	50	60	75
每米质量 M/kg	44.653	51.514	60.64	74.414
断面积 A/cm²	57	65.8	77.45	95.04
重心距轨底面距离 y_1/mm	69	71	81	88
对水平轴的惯性矩 I_x/cm⁴	1 489	2 037	3 217	4 489
对竖直轴的惯性矩 I_y/cm⁴	260	377	524	665
下部截面系数 W_1/cm³	217	287	396	509
上部截面系数 W_2/cm³	208	251	339	432
轨底横向挠曲断面系数 W_y/cm³	46	57	70	89
轨头所占面积 A_h/%	42.83	38.68	37.47	37.42
轨腰所占面积 A_w/%	21.31	23.77	25.29	26.54
轨底所占面积 A_b/%	35.85	37.55	37.24	36.04
钢轨高度 H/mm	140	152	176	192
轨底宽度 B/mm	114	132	150	150
轨头高度 h/mm	42	42	48.5	55.3
轨头宽度 b/mm	70	70	73	75
轨腰厚度 t/mm	14.5	15.5	16.5	20

3. 钢轨断面的绘制

（1）各小组内任务分工，明确各自的工作，准备好绘图工具。

（2）按照表 1.2 的钢轨断面尺寸及图 1.1 钢轨断面图，自选合适的比例尺绘制 43、50、60、75 kg/m 四种钢轨断面图。

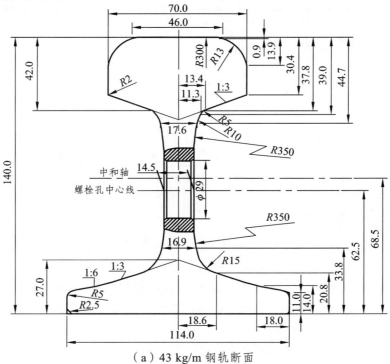

（a）43 kg/m 钢轨断面

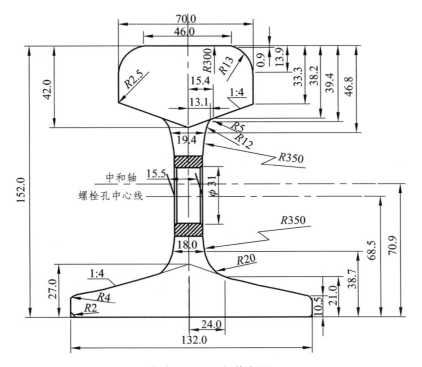

（b）50 kg/m 钢轨断面

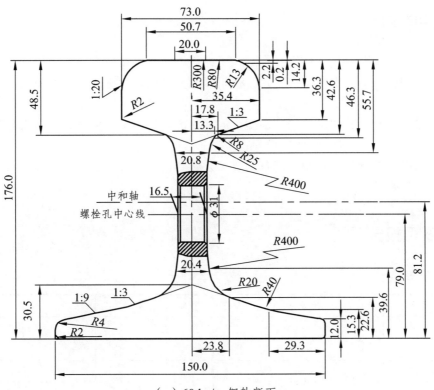

（c）60 kg/m 钢轨断面

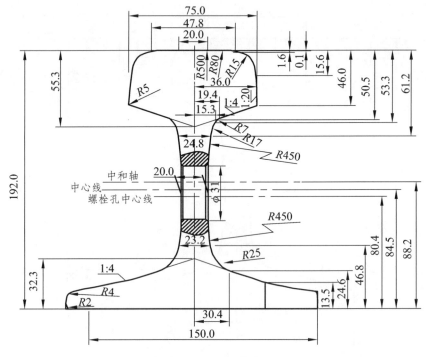

（d）75 kg/m 钢轨断面

图 1.1　钢轨断面图

四、注意事项

（1）钢轨为了给车轮提供连续、平顺、阻力最小的滚动接触面，引导列车的运行，轨头顶面一般都是圆弧形，且都是由多半径圆弧组成的复合圆弧，因此在断面图绘制时要注意各段圆弧连接的平滑性。

（2）虽然钢轨断面整体呈"工"字型，但其细部结构较多，因此，绘制之前需要理解钢轨各尺寸的含义，明确各尺寸对应的位置。

（3）绘制过程应满足工程制图规范的要求，做到比例尺合适、布图合理、图纸整洁、字迹工整、标注准确。

五、实习报告

1. 小组分工

序号	姓名	任务分工	序号	姓名	任务分工

2. 图纸成果

（a）43 kg/m 钢轨断面图

（b）50 kg/m 钢轨断面图

（c）60 kg/m 钢轨断面图

（d）75 kg/m 钢轨断面图

3. 实训总结

实训总结	

六、思考题

（1）为了满足钢轨的基本功用，钢轨需要满足的基本要求有哪些？

（2）为什么钢轨采用"工"字型断面？

（3）钢轨材质的主要成分有哪些？这些成分对钢轨性能有何影响？

任务二 钢轨接头与磨耗的测量

一、实训目的与要求

（1）掌握钢轨断面尺寸测量的方法，能够根据测量数据判断钢轨类型。

（2）掌握钢轨接头夹板尺寸测量方法，能够按比例绘制夹板示意图。

（3）掌握钢轨磨耗测量方法，能够根据测量值判定钢轨伤损程度。

二、实训分组与仪器工具

每 4~6 位同学一个小组，每组所需工具如表 2.1 所示。

表 2.1 仪器工具表

序号	名 称	数 量
1	5 m 卷尺	4
2	钢轨磨耗测量仪	1
3	绘图工具	4
4	记录本	4

三、实训方法与步骤

以小组为单位，完成以下任务。

1. 钢轨类型判别

现场量测轨道实训基地不同种钢轨尺寸，记录不同类型钢轨断面 4 个主要参数，即轨头顶部宽度（b）、轨腰厚度（t）、钢轨高度（H）及轨底宽度（B），据此判断钢轨类型。

2. 钢轨接头夹板尺寸量测与示意图绘制

（1）观察轨道实训基地钢轨接头夹板的种类及形式。

（2）重点观察我国常用的斜坡支承双头对称型夹板，即双头式夹板，注意其斜坡位置，与轨腰的贴合程度等。

（3）观察、量测、记录夹板螺栓孔的数量、位置、尺寸。

（4）量测钢轨接头夹板主要尺寸，记录相关数据，据此绘制钢轨接头夹板示意图。

3. 钢轨磨耗测量

钢轨磨耗主要有垂磨和侧磨，常用的测量仪器是钢轨磨耗测量仪，如图 2.1 所示。

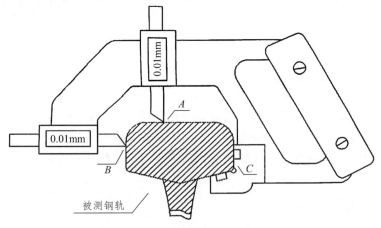

图 2.1　钢轨磨耗测量仪

（1）使用前，松开紧固螺钉，将尺框平稳拉开，用绸布或绵纸，将测量面、导向面擦净，调整定位。

（2）将测量仪定位与块非工作边轨鄂部分自然吸附贴合，直至没有缝隙和晃动，如图 2.1C 点所示。

（3）滑动垂磨标尺与轨顶接触贴合，图 2.1A 点所示，垂磨数显装置所显示数据为实际磨耗数据。

（4）滑动侧磨标尺与对应钢轨轨头测量接触贴合，如图 2.1B 点所示，侧磨数显装置所显示数据为实际磨耗数据。

（5）根据公式"总磨耗=垂直磨耗+1/2 侧面磨耗"计算钢轨总磨耗，同时根据表 2.2、表 2.3 判断钢轨伤损程度。

（6）钢轨磨耗测量时，应平稳推进，拉开移动尺框，移动至被测数据处，再轻推数显测量标尺使其与轨顶表面合。

4. 抄录钢轨厂标，标出生产厂家

表 2.2 钢轨头部磨耗轻伤标准

钢轨/(kg/m)	总磨耗/mm				垂直磨耗/mm				侧面磨耗/mm			
	$V_{max}>160$ km/h 正线	160 km/h$\geq V_{max}>120$ km/h 正线	$V_{max}\leq120$ km/h 正线及到发线	其他站线	$V_{max}>160$ km/h 正线	160 km/h$\geq V_{max}>120$ km/h 正线	$V_{max}\leq120$ km/h 正线及到发线	其他站线	$V_{max}>160$ km/h 正线	160 km/h$\geq V_{max}>120$ km/h 正线	$V_{max}\leq120$ km/h 正线及到发线	其他站线
75	9	12	16	18	8	9	10	11	10	12	16	18
75 以下~60	9	12	14	16	8	9	9	10	10	12	14	16
60 以下~50			12	14			8	9			12	14
50 以下~43			10	12			7	8			10	12
43 以下			9	10			7	7			9	11

注：1. 总磨耗=垂直磨耗+1/2侧面磨耗。

2. 垂直磨耗在钢轨顶面1/3处（标准工作边）测量。

3. 侧面磨耗在钢轨踏面（按标准断面）下16 mm处测量。

表 2.3 钢轨头部磨耗重伤标准

钢轨/(kg/m)	垂直磨耗/mm			侧面磨耗/mm		
	$V_{max}>160$ km/h 正线	160 km/h$\geq V_{max}>120$ km/h 正线	$V_{max}\leq120$ km/h 正线及到发线，其他站线	$V_{max}>160$ km/h 正线	160 km/h$\geq V_{max}>120$ km/h 正线	$V_{max}\leq120$ km/h 正线及到发线，其他站线
75	10	11	12	16	12	21
75 以下~60	10	11	11	16	12	19
60 以下~50			10			17
50 以下~43			9			15
43 以下			8			13

四、注意事项

（1）钢轨类型判断时，要找到钢轨断面的准确位置进行测量，即轨头顶部宽度（b）、轨腰厚度（t）、钢轨高度（H）及轨底宽度（B）的量测位置准确。

（2）钢轨夹板示意图绘制时，注意区分夹板形式，示意图绘制时表现出不同夹板的特征。

（3）钢轨磨耗测量时，切记用力过大，损坏磨耗测量仪。读数时，目光应正视刻线面，避免视差。

（4）钢轨磨耗测量仪要轻拿轻放，不得有强力冲击，保持仪器清洁，禁止与腐蚀物体接触，禁止将卡尺放在磁性物体上或金属碎屑处。

五、实习报告

1. 小组分工

序号	姓名	任务分工	序号	姓名	任务分工

2. 相关资料整理

（1）钢轨断面尺寸：

（a）_____轨钢轨断面主要尺寸

（b）_____轨钢轨断面主要尺寸

（c）_____轨钢轨断面主要尺寸

（d）_____轨钢轨断面主要尺寸

（2）钢轨接头夹板示意图：

（3）钢轨磨耗测量：

位　置	垂直磨耗	侧向磨耗	总磨耗	钢轨伤损程度

（4）抄录钢轨厂标：

3．实训总结

实训总结	

六、思考题

（1）为了减少钢轨侧面磨耗，常采用哪些措施？

（2）钢轨的合理使用表现在哪些方面？

任务三　轨枕和扣件认知

一、实训目的与要求

（1）掌握轨枕类型的判别方法，熟悉不同轨枕的特征。

（2）掌握轨枕主要参数的测量方法，能够据此判断轨枕类型，按比例绘制轨枕结构图。

（3）掌握扣件类型的判别方法，熟悉不同种扣件的特征。

二、实训分组与仪器工具

每 4~6 位同学一个小组，每组所需工具如表 3.1 所示。

表 3.1　仪器工具表

序号	名　称	数　量
1	5 m 卷尺	4
2	绘图工具	4
3	记录本	4

三、实训方法与步骤

以小组为单位，完成以下任务。

1．轨枕类型判别

（1）查阅相关资料，了解木枕与混凝土枕的区别与联系，理解木枕的优缺点。

（2）重点测量混凝土枕的轨下截面宽度、中间截面宽度、端部截面宽度、轨下截面高度、中间截面高度以及轨枕长度，参考表 3.2，判断轨道演练场混凝土枕的类型。

表 3.2　混凝土枕主要尺寸表

轨枕类型	截面高度		截面宽度			长度
	轨下	中间	端部	轨下	中间	
I	20.2	16.5	29.45	27.5	25	250
II	20.2	16.5	29.45	27.5	25	250
III	23.0	18.5	29.45	30	28	260

（3）根据绘图需要，测量不同类型轨枕的局部尺寸，测量的过程中绘制示意图，在示意图上标出主要尺寸。示意图标注方法参照图3.1。

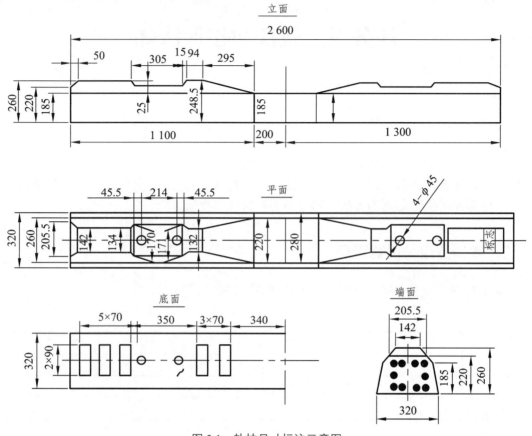

图3.1 轨枕尺寸标注示意图

（4）建立轨枕设备台账，清点轨道演练场轨枕数量，计算轨枕间距及每千米轨枕数。

2. 扣件类型判别

（1）查阅相关资料，了解扣件的发展历史，理解不同种扣件的适用条件。
（2）观察轨道演练场有砟轨道区域的扣件形式，记录扣件形式、位置及判别原因。
（3）观察轨道演练场无砟轨道区域的扣件形式，记录扣件形式、位置及判别原因。
（4）重点观察我国无砟轨道常用的 WJ-7、WJ-8 两种扣件的区别与联系。

四、注意事项

（1）轨枕类型判断时，要找到轨枕断面的准确位置进行测量，即轨枕在轨下、中间部位的截面宽度和高度等。
（2）轨枕类型判别时，注意是否存在特殊类型轨枕，比如宽轨枕等。
（3）绘制轨枕示意图时，注意关键尺寸的标注，尤其是能够体现轨枕类型的尺寸。
（4）扣件类型判断时，注意不同种扣件之间的联系与区别，以及扣件的适用条件等。

五、实习报告

1. 小组分工

序号	姓名	任务分工	序号	姓名	任务分工

2. 相关资料整理

（1）轨枕与扣件类型判断：

位置	轨枕类型	轨枕长度	扣件类型	判别原因

（2）轨枕示意图绘制：

3. 实训总结

实训总结	

六、思考题

（1）轨枕间距的设置需要考虑哪些因素？

（2）轨枕的作用及性能要求是什么？

（3）扣件的作用有哪些？

任务四　道床标准断面整修

一、实训目的与要求

（1）掌握有砟轨道道床断面的主要尺寸，能够根据要求进行道床断面整修。

（2）理解影响道床尺寸的主要因素，能够根据已知条件按比例绘制道床结构图。

二、实训分组与仪器工具

每 4~6 位同学一个小组，每组所需工具如表 4.1 所示。

表 4.1　仪器工具表

序号	名　称	数　量
1	5 m 卷尺	4
2	绘图工具	4
3	记录本	4
4	计算器	4
5	石砟叉	1

三、实训方法与步骤

以小组为单位，完成以下任务。

1. 道床断面图绘制

（1）已知条件：某重型单线铁路，设计速度 120 km/h，铺设有 I、II、III 型枕。采用碎石道床，厚度 0.35 m，砟肩堆高 0.15 m，道床边坡为 1：1.75。

（2）根据表 4.2 单铁路正线碎石道床顶面宽度，设计道砟肩宽度。

表 4.2　单铁路正线碎石道床顶面宽度

轨道类型	路段旅客列车设计行车速度/（km/h）	道床顶面宽度/m	
		无缝线路轨道	有缝线路轨道
特重型	120≤V≤200	3.5	—
重　型	160<V≤200	3.5	—
	120<V≤160	3.4	—

轨道类型	路段旅客列车设计行车速度/（km/h）	道床顶面宽度/m	
		无缝线路轨道	有缝线路轨道
重型、次重型	$V\leqslant120$	II型枕：3.3；III型枕：3.4	3.1
中　型	$V\leqslant160$	—	3.0
轻　型	$V\leqslant80$	—	2.9

（3）根据已知条件，按照绘图要求，按比例绘制道床断面图。

2. 道床断面整修

（1）利用卷尺等工具量测轨道演练场有砟轨道区域道床主要尺寸，绘制示意图，做好记录。

（2）轨道演练场现场量测得到的道床断面尺寸，与原设计的标准断面尺寸比较，整理记录现道床断面尺寸存在的问题。

（3）利用石砟叉等工具整修道床断面，消除原道床存在的问题。

（4）道床整修完成后，再次测量其主要尺寸进行复核，如果整修后的道床断面尺寸与原设计断面尺寸仍有偏差，重复步骤（3），直至满足要求为止。

四、注意事项

（1）道砟肩宽度确定时，需要考虑轨枕类型，即轨枕长度不同时，道砟肩宽度也不同。

（2）道床整修的过程中，治理原道床可能存在的问题，如道床板结、堵塞及污脏等。

五、实习报告

1. 小组分工

序号	姓名	任务分工	序号	姓名	任务分工

2. 外业资料记录

3. 道床结构断面图

4. 实训总结

实 训 总 结	

六、思考题

（1）有砟轨道道床作用是什么？

（2）有砟轨道道床变形的原因有哪些？

任务五　无砟轨道结构认知

一、实训目的与要求

（1）掌握无砟轨道与有砟轨道的区别和联系，理解无砟轨道的优缺点。

（2）掌握常用的无砟轨道板结构形式、主要尺寸。

（3）掌握无砟轨道的结构组成，以及各组成部分的尺寸。

二、实训分组与仪器工具

每 4~6 位同学一个小组，每组所需工具如表 5.1 所示。

表 5.1　仪器工具表

序号	名　称	数　量
1	5 m 卷尺	4
2	绘图工具	4
3	记录本	4

三、实训方法与步骤

以小组为单位，完成以下任务。

1. 无砟轨道平面示意图绘制

（1）查阅相关资料，理解 CRTS Ⅰ 型、CRTS Ⅱ 型、CRTSⅢ型无砟轨道的异同点。

（2）观察轨道演练场无砟轨道区域布置情况，测量记录三种无砟轨道板的具体尺寸、扣件位置、类型等。

（3）按绘图要求，依比例绘制无砟轨道平面示意图，标注轨道板与扣件类型，以及扣件位置等。

2. 无砟轨道结构图绘制

（1）分别单独观察 CRTS Ⅰ 型、CRTS Ⅱ 型、CRTSⅢ型无砟轨道结构特点。

（2）测量三种无砟轨道板的主要尺寸，如长度、宽度、厚度，以及能够表达其特点的结构。

（3）绘制 CRTS Ⅰ 型、CRTS Ⅱ 型、CRTSⅢ型无砟轨道板结构示意图。

（4）测量三种无砟轨道各组成部分的主要尺寸，按要求绘制三种轨道结构的横断面示意图。

四、注意事项

（1）无砟轨道结构尺寸测量时，注意不同种轨道板的细部结构，如 CRTS I 型板的凸型挡台、CRTS II 型板的假缝等。

（2）在无砟轨道结构横断面图绘制时，注意结合以前已学习过的钢轨、扣件等相关知识。

五、实习报告

1. 小组分工

序号	姓名	任务分工	序号	姓名	任务分工

2. 外业资料记录

3. 无砟轨道结构图绘制

（1）CRTS I 型：

① CRTS I 型轨道板平面示意图（要求绘出凸形挡台、扣件的分布，标注长、宽，单位为 mm）

②CRTSⅠ型轨道结构横断面示意图（要求绘制出轨道板、承轨台、调整层、支撑层或底座板，标注厚度，单位为 mm）

（2）CRTSⅡ型：

①CRTSⅡ型轨道板平面示意图（要求绘出假缝、挡肩、扣件的分布，标注长、宽，单位为 mm）

②CRTSⅡ型轨道结构横断面示意图（要求绘制出轨道板、承轨台、调整层、支撑层或底座板，标注厚度，单位为 mm）

（3）CRTSⅢ型：

①CRTSⅢ型轨道板平面示意图（要求绘出挡肩、扣件的分布，标注长、宽，单位为 mm）

②CRTSⅢ型轨道结构横断面示意图（要求绘制出轨道板、承轨台、自密实混凝土层、支撑层或底座板，标注厚度，单位为 mm）

4. 实训总结

实训总结	

六、思考题

（1）无砟轨道与有砟轨道的区别有哪些？

（2）CRTSⅠ型、CRTSⅡ型、CRTSⅢ型无砟轨道应用于哪些已建成运营的线路？（每种轨道形式列举 2~3 条线路）

任务六　单开道岔的结构认知

一、实训目的与要求

在铁路线路中，使机车车辆由一条线路转向另一条线路的轨道连接设备称作道岔。道岔是铁路线路的重要设备之一，也是铁路线路养护维修的工作重点。在我国铁路上使用最多的道岔是普通单开道岔，简称单开道岔，它的数量占各类道岔总数的 90%以上，为此对普通单开道岔进行现场认知教学，显得尤为必要。

本次实习的目的是通过现场教学，识别普通单开道岔结构并了解其功能。

二、实训分组与仪器工具

（1）实训分组：6~8 人为一小组。
（2）仪器工具：钢卷尺、道尺、支距尺。

三、实训方法与步骤

道岔组成如图 6.1 所示。

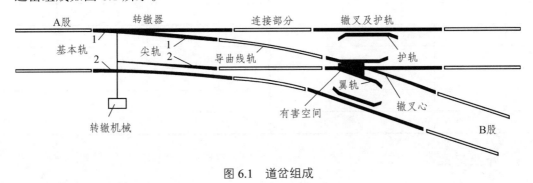

图 6.1　道岔组成

1. 转辙器部分结构

转辙器、基本轨、尖轨断面类型、尖轨跟端结构类型、尖轨与基本轨的贴靠方式、拉杆、连接杆、限位器。

2. 辙叉和护轨部分结构

辙叉类型（整铸和组合式）、翼轨、叉心（理论和实际）、护轨、辙叉咽喉、有害空间、辙叉角、辙叉全长、辙叉趾距、辙叉跟距。

3. 连接部分结构

防爬器、防爬支撑、轨撑、轨距拉杆、直股连接线、曲股连接线。

4. 岔　枕

岔枕类型、岔枕尺寸。

5. 其他零部件

滑床板、顶铁、轨撑、辙前垫板、辙后垫板、通长垫板、间隔铁、转辙杆、连接杆。

四、注意事项

（1）识读和测量过程中严禁踩踏钢轨。
（2）主要保护测量工具，并正确使用。
（3）测量过程中注意安全。

五、实习报告

1. 小组分工

序号	姓名	任务分工	序号	姓名	任务分工

2. 外业记录

3. 实训总结

实训总结	

六、思考题

（1）单开道岔由哪些部分组成？

（2）道岔号数怎么判断？

任务七　普通单开道岔的几何形位认知

一、实训目的与要求

道岔各部分几何尺寸的正确与否，是保证机车车辆安全、平稳通过的必要条件。

本次实习的目的是通过对普通单开道岔几何形位的量测，掌握并理解轨道几何形位的规范要求，以便更有效地开展后期的学习和工作。

二、实训分组与仪器工具

（1）实训分组：6~8 人为一小组。

（2）仪器工具：钢卷尺、道尺、支距尺。

三、实训方法与步骤

1. 道岔各部分轨距的测量

在单开道岔上，需要考虑对轨距加宽的部位有：

（1）基本轨前接头处轨距 S_1。

（2）尖轨尖端轨距 S_0。

（3）尖轨跟端直股及侧股轨距 S_h。

（4）导曲线中部轨距 S_c。

（5）导曲线终点轨距 S。

标准道岔各部位的轨距尺寸见表 7.1。

表 7.1　标准道岔各部位的轨距尺寸　　　　　　　　　mm

N	9	12		18
		直线尖轨	曲线尖轨	
S_1	1 435	1 435	1 435	1 435
S_0	1 450	1 445	1 437	1 438
S_h	1 439	1 439	1 435	1 435
S_c	1 450	1 445	1 435	1 435

2. 转辙器部分的间隔尺寸

（1）尖轨的最小轮缘槽宽 $t_{\min}$（如图 7.1 所示）：

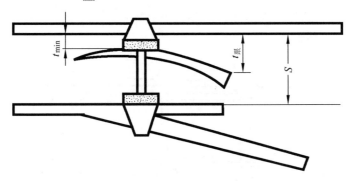

图 7.1　曲线尖轨的最小轮缘槽

我国实际采用的 $t_{\min} \geqslant 68\ \text{mm}$，根据经验，$t_{\min}$ 可减少至 $65\ \text{mm}$。

（2）尖轨动程：

尖轨动程为尖轨尖端非作用边与基本轨作用边之间的拉开距离，规定在距尖轨端 $380\ \text{mm}$ 的转辙杆中心处量取。目前大多数转辙机的标准动程为 $152\ \text{mm}$，因此《铁路线路维修规则》规定，尖轨在第一连接杆处的最小动程，直尖轨为 $142\ \text{mm}$，曲尖轨为 $152\ \text{mm}$，AT 型弹性可弯尖轨为 $180\ \text{mm}$。

3. 导曲线支距（如图 7.2 所示）

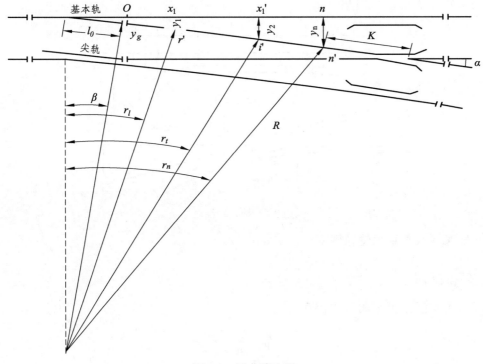

图 7.2　导曲线支距

4. 辙叉和护轨部分的间隔尺寸

道岔辙叉及护轨部分需要确定的间隔尺寸主要是辙叉咽喉轮缘槽宽 t_1、查照间隔 D_1 及 D_2、护轨轮缘槽宽 t_g、翼轨轮缘槽宽 t_w 和辙叉有害空间 t_H。

（1）辙叉咽喉轮缘槽宽度 $t_1 \geqslant 68\,mm$。

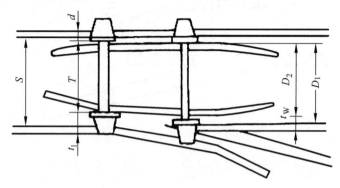

图 7.3　查照间隔

（2）查照间隔可见图 7.3 所示。护轨作用边至心轨作用边的查照间隔 $D_1 \geqslant 1391\,mm$，D_1 只能有正误差，容许范围为 $1\,391 \sim 1\,394\,mm$。

护轨作用边至翼轨作用边的查照间隔 $D_2 \leqslant 1348\,mm$，D_2 只能有负误差，容许范围为 $1\,346 \sim 1\,348\,mm$。

（3）护轨平直段轮缘槽宽 t_{g1} 取值范围为 $42 \sim 44\,mm$，缓冲段终端轮缘槽宽 $t_{g2} = 68\,mm$，开口段终端轮缘槽宽 t_{g3} 采用 $90\,mm$。

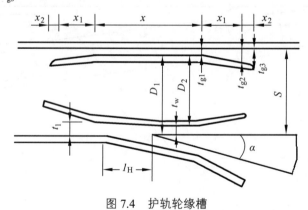

图 7.4　护轨轮缘槽

（4）辙叉翼轨平直段轮缘槽宽 $t_w \geqslant 45\,mm$。

5. 有害空间 l_H

辙叉有害空间 l_H 可采用下式计算：

$$l_H = \frac{t_1 + b_1}{\sin \alpha}$$

式中：b_1 为叉心实际尖端长度，通常可取 $10\,mm$；因 α 很小，可近似地取 $\dfrac{1}{\sin \alpha} \approx \dfrac{1}{\tan \alpha} = \cot \alpha = N$。

故公式可改写成：

$$l_H \approx (t_1 + b_1)N$$

取 $t_1 = 68$ mm，$b_1 = 10$ mm，则 9 号、12 号及 18 号道岔的有害空间分别为 702 mm、936 mm 及 1 404 mm。

四、注意事项

（1）识读和测量过程中严禁踩踏钢轨。

（2）主要保护测量工具，并正确使用。

（3）测量过程中注意安全。

五、实习报告

1. 小组分工

序号	姓名	任务分工	序号	姓名	任务分工

2. 外业记录

序号	名称	标准值	测量值
1	基本轨前接头处轨距 S_1		
2	尖轨尖端轨距 S_0		
3	尖轨跟端直股及侧股轨距 S_h		
4	导曲线中部轨距 S_c		
5	导曲线终点轨距 S		
6	尖轨的最小轮缘槽宽 t_{min}		
7	尖轨跟端支距 y_g		
8	尖轨动程 d_0		
9	辙叉咽喉轮缘槽宽 t_1		
10	查照间隔 D_1		
11	查照间隔 D_2		
12	护轨平直段轮缘槽宽 t_{g1}		
13	终端轮缘槽宽 t_{g2}		
14	开口段终端轮缘槽宽 t_{g3}		
15	辙叉翼轨平直段轮缘槽宽 t_w		
16	辙叉有害空间 l_H		

3. 实训总结

实训总结	

六、思考题

（1）道岔的几何形位包括哪些主要尺寸？

（2）在对道岔进行几何形位检查时，怎样准确确定测量位置？

任务八　绘制道岔的总布置图

一、实训目的与要求

本次实训通过绘制普通单开道岔，从而了解道岔主要尺寸的计算、配轨计算、导曲线支距的计算、各部分轨距的计算、岔枕布置等内容。

二、实训分组与仪器工具

（1）实训分组：1人一组。

（2）仪器工具：计算机、CAD绘图软件。

三、实训方法与步骤

1. 60 kg/m 钢轨 12 号道岔主要尺寸

（1）辙叉号：$N=12$，辙叉角为 $\alpha = 4°45'49''$。

（2）曲线半径：$R = 350\,717.5$ mm。

（3）基本轨长：$L_j = 16\,792$ mm。

（4）辙叉趾距：$n = 2\,692$ mm。

（5）辙叉跟距：$m = 3\,954$ mm。

（6）曲线尖轨长：$l_0 = 13\,880$ mm。

（7）直尖轨长：$l_0' = 13\,880$ mm。

（8）基本轨前端长：$q = 2\,920$ mm。

（9）轨距：$S = 1\,435$ mm。

（10）尖轨跟端支距：$y_g = 311$ mm。

（11）轨缝宽度：$\delta = 8$ mm。

（12）导曲线理论起点距尖轨实际尖端：298 mm。

（13）道岔前长：$a = 16\,592$ mm。

（14）道岔后长：$b = 21\,208$ mm。

（15）道岔理论长：$L_t = 30\,922$ mm。

（16）道岔实际长：$L_Q = 37\,800$ mm。

（17）导曲线后插直线长：$K = 2\,692$ mm。

2. 配轨计算

（1） $l_1 + l_2 = 20\,992$ mm

取 $l_1 = 0$ mm， $l_2 = 20\,992$ mm

（2） $l_3 + l_4 = 15\,024$ mm

取 $l_3 = 7\,804$ mm， $l_4 = 7\,220$ mm

（3） $l_5 + l_6 = 14\,988$ mm

取 $l_5 = 0$， $l_6 = 14\,988$ mm

（4） $l_7 + l_8 = 20\,905$ mm

取 $l_7 = 7\,806$ mm， $l_8 = 13\,099$ mm

3. 导曲线支距计算

现对 60 kg/m 钢轨 12 号单开道岔进行计算。已知参数： $\beta = 2°24'24''$ ， $\alpha = 4°45'49''$ ， $y_g = 311$ mm 。

支距计算起始点： $x_0 = 0, y_0 = y_g = 311$ 。

支距计算终点坐标：

$$x_n = R(\sin\alpha - \sin\beta) = 14\,363 \text{ mm}$$

$$y_n = S - K\sin\alpha = 1\,211 \text{ mm}$$

其余各点支距可按公式及表格进行计算，结果见表 8.1。

表 8.1　导曲线支距计算表

x_i	y_i
0	311
2 000	401
4 000	502
6 000	615
8 000	739
10 000	875
12 000	1 023
14 000	1 181
14 363	1 211

四、注意事项

（1）识读和测量过程中严禁踩踏钢轨。

（2）主要保护测量工具，并正确使用。

（3）测量过程中注意安全。

五、实习报告

1. 小组分工

序号	姓名	任务分工	序号	姓名	任务分工

2. 外业记录

3. 实训总结

实训总结	

任务九　机车车辆走行部分测量

一、实训目的与要求

（1）通过测量轮背距、轮缘厚度、轮缘高度，了解轮对的结构特点。

（2）通过现场测量转向架固定轴距，了解转向架的结构特点。

（3）通过机车、车辆的车辆定距、全轴距的现场量测，掌握机车车辆的相关轴距和车辆整体结构尺寸。

二、实训分组与仪器工具

每 4~6 位同学一个小组，每组所需工具如表 9.1 所示。

表 9.1　仪器工具表

序号	名　称	数　量
1	记录本	4
2	20 cm 钢板尺	1
3	3 m 钢卷尺	1
4	30 m 钢卷尺	1
5	粉笔	1

三、实训方法与步骤

1. 熟悉了解轮对结构

轮对是机车车辆走行部分的基本部件，由 1 根车轴和 2 个相同的车轮组成，如图 9.1 所示。

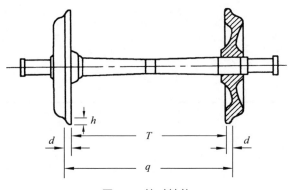

图 9.1　轮对结构

（1）利用钢板尺测量轮缘厚度 d，并进行记录。

（2）利用钢板尺测量轮缘高度 h，并进行记录。

（3）利用钢卷尺测量轮背距 T，并进行记录。

（4）计算轮对宽度 q，并进行记录。

2. 熟悉了解转向架结构

（1）参考教材，现场熟悉转向架的各部分结构，如图 9.2 所示。

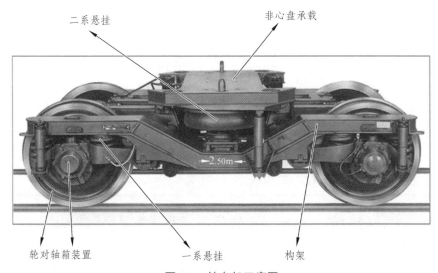

图 9.2　转向架示意图

（2）利用钢卷尺测量同一车架或转向架上始终保持平行的最前位和最后位车轴中心间的水平距离，即固定轴距（$L_固$），并进行记录，如图 9.3 所示。

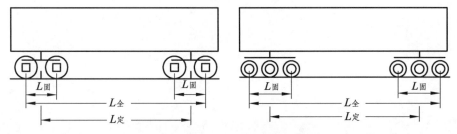

图 9.3　全轴距、固定轴距及车辆定距

（3）利用钢卷尺测量车辆前后两走行部分上车体支承间的距离，即车辆定距（$L_定$），并进行记录，如图 9.3 所示。

（4）利用钢卷尺测量同一车体最前位和最后位的车轴中心间水平距离，即机车、车辆的全轴距（$L_全$），并进行记录，如图 9.3 所示。

四、注意事项

（1）测量轮背距、轮对宽度、轮缘厚度时要小心碰头。

（2）测量固定轴距、车辆定距、全轴距时需找准轮对中心的位置。

五、实习报告

1. 填报测量数据

表 9.2　测量数据表

mm

序号	项　目	测量值/计算值
1	轮缘厚度 d	
2	轮缘高度 h	
3	轮背距 T	
4	轮对宽度 q_s	
5	固定轴距 $L_固$	
6	车辆定距 $L_定$	
7	全轴距 $L_全$	

2. 绘制轮对、转向架、机车、车辆简图，并将测量数据标注于相应位置

3. 实训总结

实训总结	

六、思考题

（1）轮对宽度和轨距有什么区别和联系？

（2）转向架的功能和特点各是什么？

（3）尝试分析机车与车辆转向架的异同点。

任务十　工务基本测量工具的使用

一、实训目的与要求

（1）通过利用道尺测量轨距，掌握并理解轨距的含义及测量方法。
（2）通过利用道尺测量水平，掌握并理解水平的含义及测量方法。
（3）通过利用弦绳测量轨道的前后高低，掌握并理解轨道前后高低的含义及测量方法。
（4）通过利用弦绳测量轨道的方向，掌握并理解轨道方向的含义及测量方法。

二、实训分组与仪器工具

每 4~6 位同学一个小组，每组所需工具如表 10.1 所示。

表 10.1　仪器工具表

序号	名　　称	单位	规格	数量	备注
1	轨距尺（道尺）	把		1	经校核
2	钢卷尺	把	2 m	1	
3	八折尺	把		1	
4	弦绳	副	10 m	1	
5	石笔	只		2	
6	线路检查记录本	本		1	

三、实训方法与步骤

1. 准备作业

（1）备齐量具，检查记录本。
（2）上道前，检查人核准轨距尺，正反水平误差不大于±1 mm。

2. 基本作业

（1）检查轨距、水平。
按"先轨距、后水平"的顺序检查并记录，每根测（长 25 m 钢轨）4 处，检查顺序为本人行进方向，同时检查零配件缺损、道床病害、枕木状态并记录。

（2）目测高低和方向。

在检查轨距、水平的同时，每隔 100~150 m 目测高低、方向。高低用 10 m 弦、轨向用 10 m 弦检查，每根轨枕检查、记录一次数据。

四、注意事项

（1）检查过程中注意保护仪器。
（2）弦绳使用过程中，注意力度的大小，防止拉断弦绳。

五、实习报告

1. 填写记录表格

线路检查记录簿-1

项目	钢轨编号							
	接头		中间		接头		中间	
轨距								
水平								

线路检查记录簿-2

项目	钢轨编号						
	枕木编号						
方向							
高低							

线路检查记录簿-3

项目	钢轨编号						
	枕木编号						
方向							
高低							

2. 实训总结

实训总结	

六、思考题

（1）如果正反水平误差大于±1 mm，该怎么调整？

（2）目测高低和方向时为什么需要距离起点一段距离？

任务十一　线路静态检查

一、实训目的与要求

掌握线路轨道几何尺寸检查的步骤和方法，能够熟练地进行线路轨道几何尺寸的检查。

二、实训分组与仪器工具

每组 3~5 人，每组所需工具如表 11.1 所示。

表 11.1　每组所需工具

序号	名　　称	数　量
1	轨距尺	1
2	支距尺	1
3	10 米弦线，垫尺	1
4	线路检查记录本、记录笔	1

三、实训方法与步骤

1. 实训任务

以小组为单位，完成以下任务：

（1）按照《修规》的要求，完成某段线路的检查工作，内容包括：轨距、水平、三角坑。

（2）填写表 11.2，按要求标注超限地方，按照作业验收标准。

（3）线路轨道静态几何尺寸容许偏差管理值如表 11.2 的规定。

表 11.2　线路轨道静态几何尺寸容许偏差管理值

项　　目	V_{max}>160 km/h 正线			160 km/h≥V_{max} >120 km/h 正线			V_{max}≤120 km/h 正线及到发线			其他站线		
	作业验收	经常保养	临时补修	作业验收	经常保养	临时补修	作业验收	经常保养	临时补修	作业验收	经常保养	临时补修
轨距/mm	+2 -2	+4 -2	+6 -4	+4 -2	+6 -2	+8 -4	+6 -2	+7 -4	+9 -4	+6 -2	+9 -4	+10 -4
水平/mm	3	5	8	4	6	8	4	6	10	5	8	11

项　目		$V_{max}>160$ km/h 正线			160 km/h$\geqslant V_{max}$ >120 km/h 正线			$V_{max}\leqslant120$ km/h 正线及到发线			其他站线		
		作业验收	经常保养	临时补修	作业验收	经常保养	临时补修	作业验收	经常保养	临时补修	作业验收	经常保养	临时补修
高低/mm		3	5	8	4	6	8	4	6	10	5	8	11
轨向（直线）/mm		3	4	7	4	6	8	4	6	10	5	8	11
三角坑（扭曲）/mm	缓和曲线	3	4	6	4	5	6	4	5	7	5	7	8
	直线和圆曲线	3	4	6	4	6	8	4	6	9	5	8	10

注：1. 轨距偏差不含曲线上按规定设置的轨距加宽值，但最大轨距（含加宽值和偏差）不得超过 1 456 mm。

2. 轨向偏差和高低偏差为 10 m 弦测量的最大矢度值。

3. 三角坑偏差不含曲线超高顺坡造成的扭曲量，检查三角坑时基长为 6.25 m，但在延长 18 m 的距离内无超过表列的三角坑。

4. 专用线按其他站线办理。

2. 线路检查作业实施过程

（1）设置防护，检校轨距尺或轨道检查仪。上道检查前先确认检查工具是否合格。万能道尺的轨距测量值应标准，水平正反两方向偏差不得大于 1 mm，万能道尺和支距尺应绝缘良好。

（2）由工长在规定的检查点测量轨距和水平，并按先轨距后水平的顺序读出与标准尺寸的偏差数。如：+2、-3，即轨距+2 mm，水平-3 mm。轨距的加减号按如下办法确定：大于标准的误差用"+"号，小于标准的误差用"-"号；水平的加减号按如下办法确定：直线以左股为标准股，道岔以直上股为标准股，标准股高为正，反之为负；曲线以下股为标准股，对面股较标准股高出数值减去规定的外轨超高值为水平数。

（3）记录人员经复诵核准后，记入记录簿中。并对轨距、水平、三角坑超限处所进行圈注，提示工长对超限处所进行分析，协助工长点撬，查清作业项目，确定作业位置、工作量及所需材料及规格，并记入记事栏中。其他项目由工长目测，并同时将临时补修工作数量及所需材料及规格记入记事栏中。

（4）回到工区后，由记录人员把每千米线路、每组道岔的超限数量及最大超限值、临时补修工作项目和工作数量、所需材料数量及规格汇总，交给工长，作为编制临时补修计划的依据。

四、注意事项

（1）轨距记录。当轨距实量值大于标准值时在差值为正，"+"号可以省略不写；当轨距实量值小于标准值时在差值前写"-"号。轨距在超限栏右下角画"×"。

（2）水平记录。单线直线以顺着线路里程增加（终点）方向左股为基准股，右股钢轨高时用"＋"号，右股钢轨低时用"－"号。水平在超限栏右下角画"×"。

（3）方向、高低记录：方向值，沿线路正向，向左为正，向右为负；高低值，测量处为"包"时用"＋"号，测量处为"坑"时用"－"号。

（4）三角坑超限，在两水平误差数字间用下划线"⌣"相连。

（5）轨向、高低、普通线路爬行量及其他病害，记录在检查记录簿的"轨向、高低及其他"栏内相应的位置，并在超限数值下画一波浪线，即"～～"，并简要地写上病害名称和量值，如：高低"＋"××毫米或"－"××毫米，轨向××毫米，冒泥××空，爬行量"＋"××毫米或"－"××毫米……

五、实习报告

1. 小组分工

序号	姓名	任务分工	序号	姓名	任务分工

2. 外业记录

3. 实训总结

实训总结	

六、思考题

（1）什么是轨距？如何测得？

（2）什么是水平？什么是三角坑？

（3）如图 11.1 所示为某直线线路两股钢轨水平检查结果，试计算三角坑值。

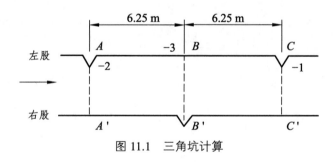

图 11.1　三角坑计算

线路检查记录簿

正线___km 至___km 站线___股道___曲线半径___m 超高___mm 顺坡率___%

钢轨编号

检查日期	检查项目	接头	中间	接头	中间	接头	中间	接头	中间	接头	中间	接头	中间	接头	中间	接头	中间	接头	中间	接头	中间	接头	中间
	轨距																						
	水平、三角坑																						
	轨向、高低及其他																						
	临时补修日期及内容																						

任务十二　轨检车资料分析

一、实训目的与要求

掌握轨检车的使用步骤和方法，能够识读轨检车波形图。

二、实训分组与仪器工具

每组 3~5 人，每组配备经纬仪 1 台、自动安平水准仪 1 台、水准尺 1 个、三脚架 1 个、长卷尺 1 把、木桩 1 个以及电脑 1 台和波形图读图软件。

三、实训方法与步骤

1. 实训任务

以小组为单位，按照修规要求，识读轨检车波形图，完成以下任务：

（1）要求每位同学负责一段线路的检查，将结果填入表 12.2。

（2）每个小组将各组员的结果汇总，将结果填入表 12.3。

2. 轨道检查车各级容许偏差管理值

轨道检查车对轨道动态局部不平顺（峰值管理）检查的项目为轨距、水平、高低、轨向、三角坑、车体垂向振动加速度和横向振动加速度七项。各项偏差等级划分为四级：I 级为保养标准，II 级为舒适度标准，III 级为临时补修标准，IV 级为限速标准。各级容许偏差管理值见表 12.1。

表 12.1　轨道动态质量容许偏差管理值

项　目	$V_{max}>160$ km/h 正线				160 km/h$\geqslant V_{max}$ >120 km/h 正线				$V_{max}\leqslant120$ km/h 正线			
	I 级	II 级	III 级	IV 级	I 级	II 级	III 级	IV 级	I 级	II 级	III 级	IV 级
轨距/mm	+4 −3	+8 −4	+12 −6	+15 −8	+6 −4	+10 −7	+15 −8	+20 −10	+8 −6	+12 −8	+20 −10	+24 −12
水平/mm	5	8	12	14	6	10	14	18	8	12	18	22
高低/mm	5	8	12	15	6	10	15	20	8	12	20	24
轨向/mm	5	7	10	12	5	8	12	16	8	10	16	20

项　目	$V_{max}>160$ km/h 正线				160 km/h$\geqslant V_{max}$ >120 km/h 正线				$V_{max}\leqslant120$ km/h 正线			
	Ⅰ级	Ⅱ级	Ⅲ级	Ⅳ级	Ⅰ级	Ⅱ级	Ⅲ级	Ⅳ级	Ⅰ级	Ⅱ级	Ⅲ级	Ⅳ级
扭曲（三角坑） /mm（基线 2.4 m）	4	6	9	12	5	8	12	14	8	10	14	16
车体垂向加速度（g）	0.10	0.15	0.20	0.25	0.10	0.15	0.20	0.25	0.10	0.15	0.20	0.25
车体横向加速度（g）	0.06	0.10	0.15	0.20	0.06	0.10	0.15	0.20	0.06	0.10	0.15	0.20

注：1. 表中各种偏差限值为实际幅值的半峰值。

2. 高低、轨向不平顺按实际值评定。

3. 水平限值不含曲线上按规定设置的超高值及超高顺坡量。

4. 三角坑限值包含缓和曲线超高展坡造成的扭曲量。

5. 固定型辙叉的有害空间部分不检查轨距、轨向。其他检查项目及检查标准与线路相同。

3. 轨检车波形图解读说明

特征点复核法：

① 轨道上的道口、道岔、桥梁、轨距拉杆等会含有金属部件，安装于轨检梁上 ALD 传感器可以探测到这些金属部件，其输出的信号可以和里程、轨道不平顺同步显示在轨道检测波形图上，根据这些位置可以方便准确地找出轨道病害的位置。

② 曲线上的特征点也是读图的重要参考点，包括 ZH、HY、YH、HZ 点的位置，同时也是现场的实际位置。

③ 实际应用时可以结合曲率和超高波形图来共同确定轨道病害位置。

里程差＝现场(台账)里程－图纸里程

实际病害里程＝图纸里程＋里程差

（1）高　　低

① 轨检车检测高低分为左、右高低。

② 轨检车检测基长分为短波不平顺和长波不平顺两种，短波不平顺检测基长为 1.5 ~ 42 m，长波不平顺检测基长为 1.5 ~ 70 m。

③ 波形图中零线以上为高、零线以下为低。

（2）轨　　向

① 轨检车检测轨向分为左轨向、右轨向。

② 轨检车检测分为短波不平顺（0 ~ 42 m）和长波不平顺（0 ~ 70 m）。

③ 轨向向左（列车运行方向）凸出为正。

（3）轨　　距

① 轨距的检测会受到侧磨的影响，有时在波形图中会检测出假轨距，这就必须要求波形图纸和现场实际结合起来分析，否则就容易得出错误结论。

② 当轨检车检测到固定辙岔的有害空间时，会打出一个假轨距和一个假轨向，而可动心

轨道岔不存在这个问题。

（4）三角坑

①轨检车检测三角坑就是检测轨道的平面性。三角坑值大就有可能使车辆轮对呈三点接触、一点悬空的状态，对车辆转向架造成悬空状态。当三角坑足够大时（如大于轮缘高度时），在其他综合因素作用下，轮对就可能脱轨。

②三角坑三级偏差是现阶段轨检车三、四级偏差主要项目之一。

（5）曲　率

①曲率本来是针对曲线来说的，但是我们往往会看到曲率出现在直线段。如果波形显示直线段有曲率，有曲率必然有矢度，有矢度必然有方向，所以如果在直线段出现曲率，我们的第一判断就是此处存在碎弯、小方向或轨距递减不好，这一点不要有任何怀疑。

②轨检车通过曲线时，测量轨检车每通过 30 m 后车体方向角的变化值，计算出轨检车通过 30 m 后的相应圆心角的变化值。

③根据曲率能正确判断曲线正矢连续差和曲线的圆顺度。

④50×曲率=正矢。

⑤曲率变化率的波形通道有突变、正矢肯定不好。

（6）水平加速度

①水平加速度由轮轨相互作用决定，轨道不平顺对其有严重影响。

②水平加速度无论是二级偏差还是三级偏差，水平偏差扣分在动检车和轨检车中所占的比例都非常高（动检约占 30%，轨检车约占 20%）。

读图示例 1：病害超限峰值与长度

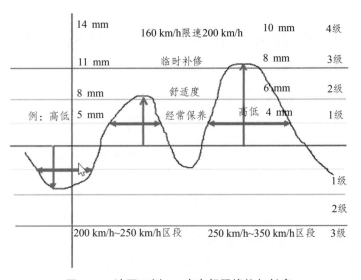

图 12.1　读图示例 1：病害超限峰值与长度

读图示例 2：三角坑

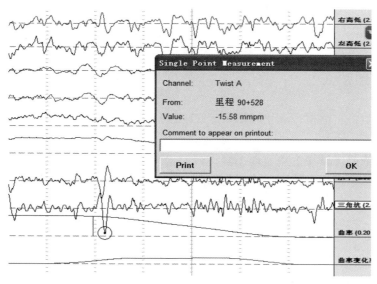

图 12.2　读图示例 2：三角坑

峰值：15.6 mm

长度：3 m

反馈：6 m 范围内水平

-7 mm、+6 mm，动态三角坑 13 mm（包含扭曲）。

读图示例 3：轨距

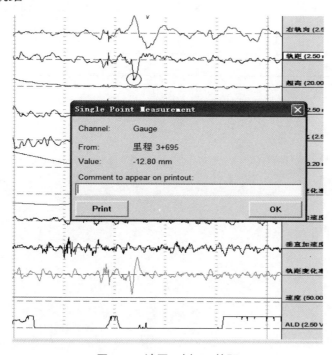

图 12.3　读图示例 3：轨距

峰值：-12.8 mm

长度：3 m

反馈：-10 mm

四、注意事项

（1）每位同学将自己检查的里程填入表 12.2 的表头中，将本小组检查的里程填入表 12.3 的表头中。

（2）检查时依照《修规》轨道动态容许偏差管理值中 $V_{max} > 160$ km/h 的标准。

（3）各项偏差等级扣分标准：Ⅰ级每处扣 1 分，Ⅱ级每处扣 5 分，Ⅲ级每处扣 100 分，Ⅳ级每处扣 301 分。

（4）优良——扣分总数在 50 分及以内；合格——扣分总数为 51～300 分；失格——扣分总数在 300 分以上。

五、实习报告

1. 小组分工

序号	姓名	任务分工	序号	姓名	任务分工

2. 外业记录

3. 实训总结

实训总结	

六、思考题

（1）什么是轨检车？它可以检测哪些项目？

（2）轨检车的检测原理是什么？

（3）如图 12.4 是一幅虚拟的高低波形图，检测标准为 200 km/h≤V_{max}≤250 km/h，图中用虚线标出了Ⅰ、Ⅱ、Ⅲ级超限的限界，同时对典型的病害进行了编号。试判断其超限峰值及超限长度。

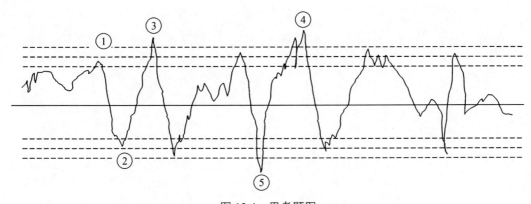

图 12.4　思考题图

表 12.2　轨道超限报告表（DK 　　～DK 　　）

位　置		超限类型	峰值 /mm 或 g	长度/m	超限等级	线形（直/缓/曲）
千米（公里）	米					
（示例）1 217	160	三角坑	6.23	2	2	直

表 12.3　轨检车线路评分统计报告表（DK 　　～DK 　　）

局、段及线别	检查长度	其中							偏差扣分								平均扣分	III 及 IV 级偏差数
		千米数			百分比			高低	轨向	轨距	水平	三角坑	垂向加速度	横向加速度	合计		
		优良	合格	失格	优良	合格	失格										
	km	km	km	km	km	km	km	km	km	km	km	km	km	km	km	km	km

- 54 -

任务十三　手工检查钢轨

一、实训目的与要求

掌握手工检查钢轨的方法和要点。

二、实训分组与仪器工具

每组 3~5 人，每组所需工具如下：

（1）检查锤。检查锤是用来敲打钢轨、辙叉作用面，通过手感及小锤在作用面的跳动次数，敲打后回音的清晰程度来判断钢轨和辙叉是否有伤。

（2）小镜子。小镜子是利用光线反射的原理来观察轨端、轨颚、轨底、螺孔等不易看见或较黑暗的部位。

（3）探伤钩。探伤钩是根据裂纹对钩尖的阻挠作用判断螺孔轨腹、轨端等看不到的部位有无裂纹存在。

（4）扳手。用来卸立、横螺栓或拆下夹板，以便观察接头部位轨腹、螺孔有无裂纹或其他伤损存在与否。

三、实训方法与步骤

1. 实训任务

以小组为单位，采用手工检查的方法进行 100 m 铁路轨道部件检查，并总结钢轨手工检查的方法和要点。

2. 钢轨手工检测的方法

（1）看。看时姿势随意，可半蹲，可站立，可骑着钢轨，也可站在钢轨的一侧。在你可看清的距离内（5~20 m）聚精会神地向前观看。

（2）敲。敲是检查钢轨接头的主要方法。通过敲打钢轨作用面，眼看小锤跳动情况。可听小锤声音体会锤柄的感觉来判断接头范围内钢轨伤损情况。

（3）照。钢轨裂纹有些是发生在阴暗部分，用目力不易直接发现，要用镜子照。照是检查钢轨不可缺少的一个步骤。

（4）卸。卸是指用看、敲、照方法检查后，仍不能判断接头处钢轨确属良好时，应卸下螺栓或打开夹板进行检查确认，确认后及时上好夹板拧紧螺栓。

（5）钩。钩是指由于接头螺栓锈蚀严重，卸不下来，而又无法确认，可用探伤钩在轨缝、轨腹或端面处缓缓滑动，是否有挂钩感觉进行确认。

四、注意事项

重点检查地段：

（1）短轨地段的小腰、接头。

（2）长轨地段的铝焊头，及两侧 200 mm 范围内。

（3）站内超期服役钢轨。

（4）几何形状失格的钢轨（如垂、侧磨严重，轨头过薄、过窄）。

（5）道口前后及道口里的钢轨。

（6）道岔中的基本轨、尖轨。

（7）踏面有污垢的钢轨。

（8）你认为可能是探伤死角的钢轨。

（9）道口前后及道口里的钢轨。

五、实习报告

1. 小组分工

序号	姓名	任务分工	序号	姓名	任务分工

2. 外业记录

3. 实训总结

实 训 总 结	

六、思考题

（1）钢轨常见病害有哪些？

（2）手工检查钢轨有哪些方法？

任务十四 单开道岔的几何尺寸检查

一、实训目的与要求

掌握单开道岔几何尺寸检查的方法和要点。

二、实训分组与仪器工具

每组 3~5 人，每组配备道尺、直尺、支距尺各 1 个。

三、实训方法与步骤

1. 实训任务

以小组为单位，按照《铁路线路维修规则》的要求，完成某组道岔的检查，并填写道岔检查记录薄。道岔轨道静态几何尺寸容许偏差管理值如表 14.1 规定。

表 14.1　道岔轨道静态几何尺寸容许偏差管理值

项　目		$V_{max}>160$ km/h 正线			160 km/h$\geqslant V_{max}$ >120 km/h 正线			$V_{max}\leqslant120$ km/h 正线及到发线			其他站线		
		作业验收	经常保养	临时补修	作业验收	经常保养	临时补修	作业验收	经常保养	临时补修	作业验收	经常保养	临时补修
轨距/mm		+2 -2	+4 -2	+5 -2	+3 -2	+4 -2	+6 -2	+3 -2	+5 -3	+6 -3	+3 -2	+5 -3	+6 -3
水平/mm		3	5	7	4	5	8	4	6	9	6	8	10
高低/mm		3	5	7	4	5	8	4	6	9	6	8	10
轨向 /mm	直线	3	4	6	4	5	8	4	6	9	6	8	10
	支距	2	3	4	2	3	4	2	3	4	2	3	4
三角坑（扭曲）/mm		3	4	6	4	6	8	4	6	9	5	8	10

注：1. 支距偏差为现场支距与计算支距之差。

2. 导曲线下股高于上股的限值：作业验收为 0，经常保养为 2 mm，临时补修为 3 mm。

3. 三角坑偏差不含曲线超高顺坡造成的扭曲量，检查三角坑时基长为 6.25 m。但在延长 18 m 的距离内无超过表列的三角坑。

4. 尖轨尖处轨距的作业验收的容许偏差管理值为±1 mm。

5. 专用线道岔按其他站线道岔办理。

2. 作业程序

（1）准备作业：

检查和校正工具。检查轨距尺、支距尺和检验卡是否有效，使轨距、水平检测误差不大于±1 mm。

（2）基本作业：

① 确定道岔直、曲标准股。在检查水平时，直股以左侧为标准股，导曲线以外股为标准股。标准股较高时记为"＋"号，反之为"－"号。

② 目视道岔方向和高低。一般站在道岔外 30~50 m 处，面向道岔，先看道岔方向，后看道岔前后高低，必要时可用弦线测量。如有超限或其他危及行车安全处所，应填写在检查记录簿补修栏内。

③ 按顺序检查道岔的轨距、水平。用轨距尺在规定的部位逐处检查，先检查轨距，后检查水平。将各部位几何尺寸误差值记录在检查记录簿轨距、水平栏内。在道岔检查的过程中，应随时注意检查其他可能危及行车安全的病害，以及钢轨、尖轨、辙叉、夹板伤损情况。如有超限或其他危及行车安全的病害，应填写在检查记录簿补修栏内。检查顺序如图 14.1 所示和表 14.2 所列。

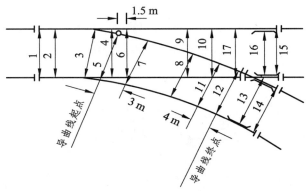

图 14.1　单开道岔检查位置

表 14.2　单开道岔检查顺序

编号	检查地点	说　明
1	尖轨前顺坡终点	
2	尖轨尖端	
3	尖轨中部	
4	尖轨跟端直股	
5	尖轨跟端曲股	导曲线起点处
6	尖轨跟端后直股	距跟端 1.5 m
7	导曲线前部	距导曲线起点 3 m
8	导曲线中部	
9	直股中部	
10	直股后部	
11	导曲线后部	距导曲线终点 4 m

编号	检查地点	说　明
12	辙叉曲股前	
13	辙叉曲股中	同时量查照间隔和护背距离
14	辙叉曲股后	
15	辙叉直股后	
16	辙叉直股中	同时量查照间隔和护背距离
17	辙叉直股前	

④ 检查支距。可由两人协作配合。在规定的支距检查点上，用支距尺检查支距值，填写在检查记录簿导曲线支距栏中。如有超限，还应填写在检查记录簿补修栏内。

⑤ 检查道岔爬行。用方尺在基本轨前接头处检查两接头的相错量，用方尺在尖轨尖端或尖轨跟端检查尖轨的直角相错量，并填写在检查记录簿记事栏内。如有相错量超过 20 mm，还应填写在检查记录簿补修栏内。

⑥ 检查连接曲线正矢。用 10 m 弦线（另安排两人拉弦线）和直钢尺，在外股钢轨踏面下 16 mm 处，测量连接曲线正矢。如有超限，应填写在检查记录簿补修栏内。

⑦ 检查道岔各主要部位的有关尺寸。包括尖轨的动程和开程、尖轨尖及竖切部分的密贴情况、尖轨跟端间隔铁尺寸、辙叉前后开口尺寸等，并由此分析轨距、方向等超限原因。

四、注意事项

（1）检查项目和部位必须完整，无遗漏，检查位置必须准确，要将超限处所查出来，记录准确无误。在轨距递减、递增变化点检查部位，按规定位置偏差不得超过 100 mm。支距检查部位的位置偏差不得超过 10 mm。

（2）检查数据结果正确。轨距、水平、高低、方向、支距、正矢测量误差不得超过 ±1 mm。

（3）检查顺序规范、合理，位置正确。

（4）对超限处所的范围判定正确。

（5）准确判断各种病害产生原因、作业位置、工作项目、工作量。

五、实习报告

1. 小组分工

序号	姓名	任务分工	序号	姓名	任务分工

2. 外业记录

3. 实训总结

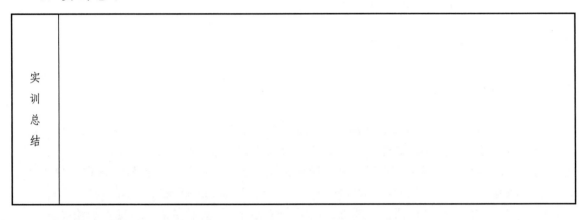

实训总结	

六、思考题

（1）单开道岔都需要检查哪些部位？

（2）简述单开道岔的几何尺寸检查方法。

任务十五　钢轨铝热焊焊接

一、实训目的与要求

（1）掌握钢轨铝热焊的施工工艺。

（2）掌握钢轨铝热焊的作业技术要求。

（3）掌握钢轨铝热焊的安全措施。

二、实训分组与仪器工具

每组 3~5 人，氧气、丙烷、轨温计、钢轨测温器、扭力扳手、A 型支架、钢轨切割机、仿型打磨机、角磨机、手提砂轮机、打眼机、焊具焊模、推瘤机、铝热焊剂、封箱泥、耐高温密封膏、高温火柴、扳手、导线、内燃螺栓扳手、大锤、绝缘轨距拉杆、撬棍、翻轨器、钢铲、废渣容器、套筒、三齿耙、道镐、石砟叉、道尺、30 m 钢卷尺、1 m 直尺、钢直尺、大雨伞、钢轨、胶垫、轨距挡板、螺母、垫圈、尼龙挡座、防护备品及劳动保护用品。

三、实训方法与步骤

按照规定，本项作业应取得岗位培训合格证书后方可施作，且现场作业存在一定危险性，因此本次实训全部采用在 VR 虚拟现实环境下进行，通过 VR 技术还原实现钢轨铝热焊现场操作的全过程，达到实训学习目的。

（1）测量轨温，准确丈量钢轨无误差。

（2）拆除扣件，扒出焊缝下枕盒内道砟，留出足够工作空间。连接导线，锯断钢轨后拨出伤损轨，拨入待焊轨。

（3）钢轨对正：焊接的预留轨缝应在轨头和轨底的两侧进行测量，轨缝的大小满足 25 mm，允许+2 mm；尖点对正时将 1 m 直尺置于钢轨运行表面的正中央，尖点尺寸符合规定要求；水平对正用 1 m 直尺分别紧贴钢轨的轨头、轨腰和轨底；倾斜对正根据直尺测量的情况，将偏离的钢轨调节对正。

（4）先将预热支架固定在万能夹紧组件上，将预热器枪头固定在支架上，预热枪头的设置高度为 35 mm。

（5）安装砂模。安装前，先检查砂模有无损坏，浇道和通气孔必须干净通畅。安装砂模时，要把砂模的中心对准焊缝，先将一块砂模装在钢轨外侧，再将另一块砂模装在钢轨的内侧，使其与第一块砂模结合良好，同时检查轨底部砂模的结合状况。

（6）装隔砂纸片。从焊剂包装箱中取出 3 片隔砂纸，塞入焊缝顶端。

（7）抹封箱泥，抹完后，应仔细检查封箱泥的密封状况。

（8）挂灰渣盘。在侧模板两侧各安装一个灰渣盘。

（9）装填焊剂。把焊剂小心倒入一次性坩锅，使其成一锥形状，准备好高温火柴，盖上坩锅盖，防止焊剂受潮。

（10）预热。先开氧气阀门，后开丙烷阀门，然后点火，逐渐交替开大两个阀门，直至氧气阀门完全打开为止，再通过调节丙烷阀门来调节火焰大小，使火焰长度保持在 15～20 mm，用火焰烘烤一下灰渣盘，以烘干灰渣盘残留水分。然后将预热枪头放置在预热器支架上，对准砂模中心，旋紧螺丝固定。预热枪头放入砂模后，从砂模通气孔升起的火焰高度应为 50 cm。在预热过程中，应保持氧气和丙烷的工作压力分别为 350 kPa 和 100 kPa。用秒表控制预热时间为持续 6 min。

（11）放置分流塞。预热完成后，把预热枪头从支架上移开，将分流塞放入砂模中。

（12）点燃焊剂。将坩锅放置于砂模顶部的中心位置上，再次检查砂模的密封状况，引燃高温火柴，打开坩锅盖，将高温火柴斜插入焊剂中，盖上坩锅盖。观察焊剂反应过程。

（13）钢水浇铸。反应完毕后，易熔塞将会自动熔化，钢水注入砂模，灰渣停止流入灰渣盘时，用秒表开始计时。

（14）移开坩锅、灰渣盘。移开热的坩锅、灰渣盘，并放置在干燥的地方。待灰渣固化冷却后，将其倒掉，收回灰渣盘。

（15）拆除砂模。浇铸完毕后 5 min 开始拆除砂模。

（16）推瘤。浇铸完毕后 6 min 开始推瘤。

（17）热打磨。用仿形打磨机将焊头顶部表面打磨至距轨面 0.8~1 mm。将焊头顶部与轨头侧面过渡圆弧处打磨与既有钢轨平齐。将焊头内外两侧打磨至与既有钢轨平齐。

（18）冷打磨。待浇铸 1 h 后，用仿形打磨机打磨钢轨上下、平直度达到 0~0.2 mm。

（19）上齐、拧紧卸开的扣件并进行涂油。

（20）开通线路。

四、安全注意事项

（1）线路上焊接钢轨，必须封锁时间内施工，并按规定设置防护；在复线间、站内两线间或砟肩上等线下焊接时，必须按规定设置防护和防护人员，配齐防护用品，确保作业安全。线下焊接作业时，应预先了解列车运行情况，两车交会地点应停止焊接作业，焊接工具及设备不得侵入限界。

（2）按规定要求下道避车。

（3）作业人员应按规定配戴防护用品，明确分工，熟悉各环节的操作规程和安全注意事项。用锯轨机切割钢轨时，操作人员应按规定穿戴劳动保护用品，其他人员要避开锯片的切线方向，以免破碎的锯片飞出伤人，并注意防火。

（4）氧气、丙烷瓶应放置干燥通风及阴凉地点，禁止曝晒。使用氧乙炔设备时，操作人员必须按规定穿戴劳动保护用品，其他人员应远离喷嘴前方，防止烧伤。丙烷瓶不得靠近热源和电器设备。丙烷瓶与明火的距离不得小于 10 m，与氧气瓶间的距离不得小于 5 m。

（5）装卸工具、搬运短钢轨时要堆码稳固，新旧钢轨按规定位置摆放稳固防止重物打击造成人身伤害。拨动钢轨时，作业人员动作要协调一致，防止伤人。

（6）在轨道电路区段作业时，须电务人员配合；电气化区段更换带有回流线的钢轨时，必须事先通知供电部门配合采取安全措施后，方准作业。电气化区段在同一供电区，禁止同时拆除两股钢轨。

（7）电气化区段更换钢轨前应安设连接导线。非自动闭塞区段在被换钢轨两端轨节间安设一条纵向连接导线，自动闭塞区段在被换钢轨两端的左右轨节间各安设一条横向连接导线，导线在换轨作业完毕后方可拆除。

（8）在焊接过程中忽然遇到降雨时，采用雨伞进行应急挡雨。操作人员须经培训考试合格取得专业技术等级证书。

（9）为了避免意外事故，严禁将废弃物扔进水里，废渣盘中应铺垫干燥的沙子，如果沙子的水分过大时，多余的铁水流入渣盘时，会发生沸腾极不安全。

（10）铝热焊焊接过程中，因砂箱开裂或封箱砂封闭不严，会发生钢水泄漏现象（跑铁）。为防止泄漏，焊工在点燃焊剂后，应手持"堵漏棒"站在一旁，密切注意浇注全过程，一旦"跑铁"，立即用"堵漏棒"封堵。如钢水无法堵住时，应立即离开焊接现场，避免人员受伤。

五、实习报告

1. 小组分工

序号	姓名	任务分工	序号	姓名	任务分工

2. 实训总结

实训总结	

六、思考题

（1）在焊接完成，检测发现焊缝夹杂、气孔、核伤等伤损时，应怎样进行处理？

（2）在钢轨铝热焊接过程中若出现钢水泄漏或严重焊缝缺陷时，应怎样进行处理？

任务十六　线路抄平作业

一、实训目的与要求

掌握线路抄平的方法、步骤、内业记录和计算方法。

二、实训分组与仪器工具

每组 3~5 人，配备 DS3 型水准仪 1 套，水准尺 2 把，尺垫 2 个，30 m 钢卷尺 1 把，粉笔，铅笔，记录簿。

三、实训方法与步骤

（1）按照《修规》的要求，完成某段线路的超平作业和起道量计算。具体要求如下：

① 直线地段测量左股钢轨轨面高程，曲线地段测量内股钢轨轨面高程。

② 布点：每 5 m 布设一点，用 30 m 钢卷尺沿钢轨外侧拉点，用白油漆将点号标在轨腰上。

③ 水准路线为往返测，闭合差要求小于 $50\sqrt{L}$，同时高差较差不超过 10 mm。

④ 起始点高程为 1 m。

⑤ 起道量：测量头尾点抬道量为 0，只允许抬道，不允许落道。

⑥ 线路纵坡：纵坡最大限制坡度为 6‰，相邻坡度差不得超过 3‰，坡段长度需大于 200 m。

（2）完成绘图作业：其中横坐标为桩号里程，纵坐标为高程。

四、注意事项

（1）水准尺应放置在钢轨顶面上，且其上不能放置尺垫。

（2）水准路线为往返观测。

（3）注意消除视差的影响。

五、实习报告

1. 小组分工

序号	姓名	任务分工	序号	姓名	任务分工

2. 外业记录

3. 实训总结

实训总结	

六、思考题

（1）简述线路抄平的目的。

（2）抄平作业中是否需要测量两根钢轨的高程，为什么？

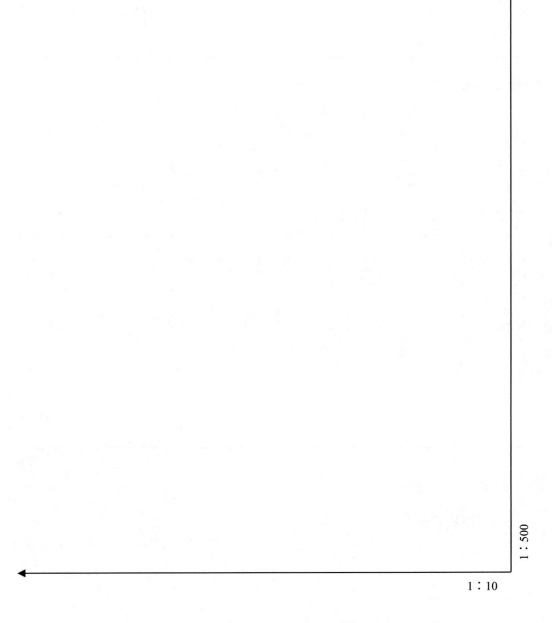

1 : 500

1 : 10

图 16.1 既有线纵断面测量

表 16.1　线路抄平记录表

点号	后视	中视	前视	测量高程	两点间距离	测点距离	实际坡度	设计坡度	理论高程	起道量	备注

任务十七　线路方向校正作业

一、实训目的与要求

掌握线路方向校正的方法、步骤、内业记录和计算方法。

二、实训分组与仪器工具

每组 3~5 人，经纬仪 1 台，测钎 1 根，30 m 卷尺 1 把，20 cm 钢直尺 1 根，粉笔，铅笔，记录簿。

三、实训方法与步骤

既有线上的中线测量，由于列车密度大、速度快，一般采用"外移"测量法，即将仪器放在线路外侧，将仪器与测点引一条和线路的平行线，从而计算出拨道量。

（1）采用正倒镜分中法，测定线路中线。

（2）使用经纬仪校正线路方向，每 6.25 m 测设一个中线桩。

（3）填写拨道量，拨道量以线路方向向左拨道为正，向右为负。

四、注意事项

（1）仪器整平误差不得超过 1 格，操作过程中若超过 1 格以上，应重新读数。

（2）仪器应严格对中。

（3）测设中线桩时应将水平制动螺旋制动，但不可旋转过力。

（4）在线路下部测量，来车时要扶住仪器，防止倾倒，过车后要检查仪器位置，确认对中整平后才能继续测量。

五、实习报告

1. 小组分工

序号	姓名	任务分工	序号	姓名	任务分工

2. 外业记录

3. 实训总结

实训总结	

表 17.1　线路检查记录簿

序号	里程	拨道量/mm	序号	里程	拨道量/mm

里程（1∶500）

拨量

图 17.1 线路拨量图

任务十八　手工捣固作业

一、实训目的与要求

（1）掌握道镐的使用方法。
（2）掌握手工捣固作业的程序。

二、实训分组与仪器工具

每组 3~5 人，配备捣镐、小拉耙、石砟叉、道尺各 1 把。

三、实训方法与步骤

（1）按照划撬位置扒开道床，扒开的道床要达到：三够一清。即：

够长：木枕自钢轨中心向两侧 400 mm，砼枕自钢轨中心向两侧 450 mm。够宽，200 mm：使铁镐头能在捣固时不打枕木。够深：按起道高度预留捣固用砟，如：起道量在 20 mm 以下，为枕木底 10~20 mm；起道量为 20~30 mm 时，与枕木底平；起道量为 30~40 mm 时，可比枕木底高 10~20 mm。一清：钢轨底一定要清，便于打斜镐。

（2）站脚位置：右脚站在被捣固的枕木上，距钢轨中心约 400 mm，与钢轨成 15°角，脚尖不准伸出枕木边缘。左脚站在两根枕木中间，两脚相距 250 mm，并成 70°角，左脚尖踏在底边处。

（3）举镐姿势：向钢轨底部捣固时，必须斜举镐，其倾斜度使左右手约在脸面的侧线上，举镐高度，左手略与下腭齐，并离开约 150 mm。右手自然上升，大约握于镐把中央，向其他位置捣固时，应正举镐，两手高度与斜举镐相同，使镐把中心线与脸面中心线一致，并向后倾斜约 15°角，镐把中心不超过头顶。

（4）镐落后的姿势：体向前倾斜约 50°角，左手紧握镐把端部，右手与左手相距约 100 mm，使镐把地面成 40°~50°角。

（5）动作要领：开始举镐时，前手必须向镐把中心移动，将镐向身体方面举起。举起后身体直立，挺胸抬头，目向前视，此时体重全部放在后脚上，落镐自头顶向后倾斜 15°时，开始用力加速打下，此时体重由后脚移于前脚，目视落镐地点。当镐头打到道砟，而前手向后手移动约 100 mm 时，双手用力，防止镐头摆动，并用力向后带镐，将道砟闷住。此外，起道量较高或枕木底下没有清砟而起道量又很少，有吊板暗坑及方正量大的枕木和换入新枕木等处，在捣固以前都应适当串镐（普串 6~8 镐）。

（6）排镐顺序：打镐时，先由轨底向外排，再由外向轨底排，打镐宽度为自钢轨中心起两侧木枕为 400 mm，钢筋混凝土 450 mm。钢筋混凝土轨枕地段需严格执行均匀捣实的原则。

（7）打镐数量：根据起道和作业部位而定。

① 木枕地段：

起道量在 5 mm 以内或不起道时，打 16 镐，接头打 20 镐。

起道量为 6~14 mm 时，打 18 镐，接头打 20 镐。

起道量为 15~20 mm，打 20 镐，接头 22 镐。

起道量超过 20 mm 时，打 22 镐。

② 钢筋混凝土轨枕地段：

需要严格执行均衡捣固的原则，在承砟面全长范围内均匀捣固。

不起道时，打 18 镐至 21 镐。

起道时，打 24 镐至 28 镐。

（8）落镐位置：木枕地段第一排镐落在距枕底边 10~20 mm 外，第二排落在枕底边 20~30 mm；钢筋混凝土轨枕地段，第一排镐应在距枕底边 20 mm 处落镐，第二排镐应在距枕底边 30 mm 处落镐，同时镐头还应低于枕底 20~30 mm，捣固后要把枕底道砟打成阶梯形。

四、注意事项

（1）捣固作业后，未通车前、当日作业结束后、线路稳定后、轨道几何状态须符合 6.1 快速线路容许标准：高低 2 mm、水平 2 mm。非快速线路按《铁路线路修理规则》6.2.1 执行。

（2）捣固必须做到五够（力量够、高度够、镐数够、宽度够、八面镐够）。

（3）捣固时不得碰坏轨枕。

五、实习报告

1. 小组分工

序 号	姓 名	任务分工	序 号	姓 名	任务分工

2. 实训总结

实 训 总 结	

六、思考题

（1）捣固的目的是什么？

（2）手工捣固作业的优点有哪些？

任务十九　清筛道床作业

一、实训目的与要求

掌握道床清筛的工具使用、作业程序和质量标准。

二、实训分组与仪器工具

每组 3~5 人，配备道尺、起拨道器、道镐、三齿耙、铁筛、石砟叉、轨温计各 1 套。

三、实训方法与步骤

1. 确定清挖、清筛范围

根据现场线路板结及翻浆情况，确定板结及翻浆位置及作业量，划定作业范围，分配作业数量。

2. 扒砟开口

用捣镐、叉子扒出表层清砟，从轨枕端部开出宽 700 mm 左右的口子，为倒筛做准备。将开口处扒出的清砟堆在路肩上。

3. 清挖道床

从开口处向道心清挖，用捣镐或内燃冲击镐刨松后，用叉子对不洁道砟进行清筛。清砟均匀地倒在后边的空位上，污砟堆放在路肩上。

如遇连续无雨天气的道床板结，可先对板结层进行浇水软化，用捣镐或内燃冲击镐刨松或捣松，筛余物随时弃置路肩外。

4. 回填道砟

清筛完一空，回填一空，工作结束后，最后道床边坡的缺口用堆放在第一轨枕空路肩上的道砟回填，并回收散失清砟。

5. 整理道床

收工前，用开口时堆在路肩上的道砟，填补最后缺口，收集散落道砟，均匀与整平清挖后道床坡面。如果道床断面不符合标准，补充道砟并均匀，夯拍坚实。将筛出余土清除，并整平路肩。

6. 回检验收

施工负责人对清挖范围回检找细，保证清筛质量。按验收标准对线路进行全面检查并做好记录，对不合格的及时返工。

四、注意事项

（1）线路清挖深度：单线线路中心一般挖至轨枕底下 50～100 mm，轨枕头挖至轨枕底下 150～200 mm，轨枕头外侧挖至路基面；双线线路内侧挖至轨枕下 50 mm，线路中心挖至枕下 100 mm，外侧轨枕头挖至轨枕下 150～200 mm，轨枕头外顺坡挖至路基面。

（2）道岔清挖深度：枕盒内一般挖至轨枕下 100 mm，外股钢轨下挖至轨枕下 150 mm，枕端挖至轨枕底 200 mm。条件允许的必须形成双面排水坡。

（3）道床顶面宽度及边坡坡度符合《铁路线路修理规则》规定。

（4）道床整理后外观整洁，达到饱满、均匀、坚实，坡面、坡脚整齐、无杂草。

五、实习报告

1. 小组分工

序号	姓名	任务分工	序号	姓名	任务分工

2. 实训总结

实训总结	

六、思考题

（1）为什么要进行道床清筛？

（2）道床清筛以后顶面宽度和边坡坡度要满足的标准值是多少？

任务二十　线路起道作业

一、实训目的与要求

（1）掌握起道机的使用方法。

（2）掌握起道作业的方法和程序。

二、实训分组与仪器工具

每组 3~5 人。配备起道机、撬棍、道尺、道镐、卷尺、石笔、弦线、轨温计各 1 套。

三、实训方法与步骤

（1）确定标准股。根据检查情况，确定标准股：曲线以内股为标准股；直线以水平高的一股为标准股；普起时以左股为标准股。

（2）指挥起道。

① 标准股确定后，起道指挥人俯身在标准股上，在前进方向往回看，一般距离不能小于 20 m，看钢轨下鄂水平的高低情况，指挥起道，注意控制点的起道量。

② 在坡道上起道，从上坡往下看时，每点都不能低，从下坡往上坡看，每点都不能高，控制好头尾顺坡。

③ 变坡点起道注意竖曲线顺坡。

（3）起平标准股。

① 起道机手要根据指挥人员的手势，将起道机置于合适位置，垂直放置，直线地段放内侧，曲线地段放上股外侧，下股放内侧，绝缘接头处及无缝线路铝热焊接缝处不得放置起道机。

② 全起全捣时，一般在接头起一次，其他每相隔 6.5 m 轨枕起一次，循序向前。

③ 砸撬（即打塞），要打外侧轨底的枕底下，要串好打实，防止打顶门塞，严禁只打枕头，接头处要打 2 根轨枕（应打在接头轨枕的第一孔的各一侧）。

（4）起对面股找好水平。

① 当标准股起出一段之后，再找对股水平。

② 起道机返回找水平时，轨距道尺要放在起道机的起道始点（起完的一端）一侧，道尺可靠近起道机，起平砸撬后立即转移。

③ 找准水平后，看道人要俯在钢轨上，回看轨道纵平，根据高低不平情况进行补撬，把对面股水平前后找好。

四、注意事项

（1）起道时，起道高度单股一次不得超过 30 mm。

（2）检查起道机的安全性能，禁止起道机等机具带病上道作业。

（3）起道时，起拨道机要放置平稳，直线放在里口，曲线上股放在外口，下股放在里口，以防影响轨向。无缝线路和无缝道岔地段起道机放置位置距铝热焊缝不少于 2 孔（2 根轨枕），起拨道机不得放在绝缘接头处。

五、实习报告

1. 小组分工

序号	姓名	任务分工	序号	姓名	任务分工

2. 实训总结

实训总结	

六、思考题

（1）简述道岔起道时的方法。

（2）简述起道作业完成时，顺坡率应满足的要求。

任务二十一　高速铁路扣件系统的维修保养作业

一、实训目的与要求

（1）掌握 WJ-8 型扣件的组成。

（2）掌握 WJ-8 型扣件的安装与调整方法。

二、实训分组与仪器工具

每组 3~5 人，配备加力扳手、套筒扳手、道尺、起道器、钢轨抬钳、钢丝刷、油刷、油桶、油料。

三、实训方法与步骤

（1）安装前的准备工作。

① 选择并准备合适类型的弹条（W1 型或 X2 型）和合适类型的轨下垫板（橡胶垫板或复合垫板）。同时适当准备厚度 1 mm 和 2 mm 的轨下微调垫板。

② 准备 I 型绝缘块，并适当准备 II 型绝缘块以备用于钢轨接头处。

③ 选择并准备 7 号轨距挡板，并适当准备 6 号、8 号轨距挡板和相同型号的接头轨距挡板。

④ 选择并准备铁垫板下弹性垫板。

⑤ 选择并准备 S2 型螺旋道钉。

⑥ 清除轨枕或轨道板承轨面和轨底的泥污。

⑦ 摘除预埋套管上的塑料（或其他材料）盖。

（2）安装。

① 安放铁垫板下弹性垫板。在承轨台中间位置铺设铁垫板下弹性垫板，使垫板孔与预埋套管孔对中。

② 安放铁垫板，铁垫板的螺栓孔中心应与预埋套管中心对正。

③ 在铁垫板中间位置安放轨下垫板，轨下垫板的凸缘应扣住铁垫板。

④ 按要求安设合适规格的轨距挡板，轨距挡板的圆弧凸台应安放在轨枕或轨道板承轨槽底脚的凹槽内。

⑤ 铺设钢轨。

⑥ 安放绝缘块。

⑦ 安放弹条。

⑧ 将螺旋道钉套上平垫圈且在螺纹部分涂满铁路专用防护油脂，然后拧入套管，紧固弹条。弹条的紧固以弹条中肢前端下颚与绝缘块接触为准。

（3）调整。

① 检查轨距和轨向，如有不适，应按要求调换不同号码的轨距挡板。

② 检查钢轨空吊、高低和水平，如有不适，应放入适当厚度的调高垫板。

四、注意事项

（1）铁垫板下调高垫板每副由 2 片组成，分别从侧面插入。铁垫板下调高垫板只能单副使用，不能摞叠使用。

（2）轨下微调垫板不得放在轨下垫板上，放入垫板的总厚度不得大于 10 mm，总数不得超过 2 块。

（3）安装轨距挡板时，不得猛烈敲击轨距挡板使其入位。入位后注意观察其与轨枕或轨道板缝隙情况，前端两支撑应与承轨面密贴。

（4）安放绝缘块时，不得猛烈敲击使其入位。

五、实习报告

1. 小组分工

序号	姓名	任务分工	序号	姓名	任务分工

2. 实训总结

实训总结	

六、思考题

如图 21.1 所示，填入 WJ-8 型扣件各个零件组成的名称。

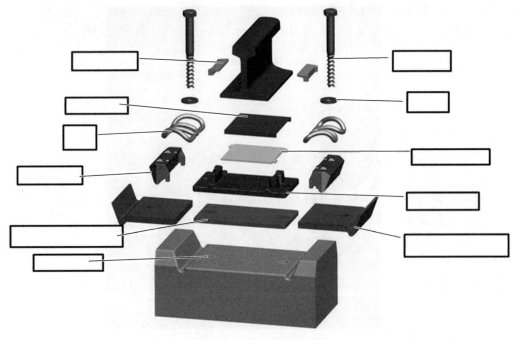

图 21.1　WJ-8 型扣件组成

任务二十二　使用轨道检查仪进行线路检查作业

一、实训目的与要求

（1）掌握轨道检查仪的仪器组成和工作过程。
（2）掌握轨道检查仪的内业数据处理。

二、实训分组与仪器工具

轨道检查仪 GJY-T-4，数据采集分析软件，U盘，电脑。

三、实训方法与步骤

1. 上道前的准备及数据采集

（1）为保证测量的精确，每次使用前建议使用标定台将仪器标定一次。
（2）仪器的组装：
① 检查所有必备物件是否齐全（检测仪、控制面板、数据线、电源线、电池盒），检查机器各部分有无松动现象，重点检查走行部分和测量部分。
② 按照仪器各部件组装程序组装轨检仪，并插上各部连接线。
③ 调整手推架高度。
④ 将控制面板连接到手推架托架上。
⑤ 用电源线将电池盒与横梁上的接口相连；用数据线将控制面板、横梁上的航插、纵梁上的航插连接并拧紧。
⑥ 打开控制面板电源，检查数据线是否接通及显示是否正常。
（3）控制面板资料导入：按系统要求将相应的文件导入到面板中去。

2. 上道进行轨道检查

（1）两人将线路轨道检查仪抬起，放到轨道上方使横梁右侧的行走轮置于右轨顶面，轻推纵梁使横梁右边弹簧压缩到能将纵梁一边的两个定位轴承放入钢轨内侧面为止，然后将纵梁上的行走轮置于左轨顶面。右侧弹簧回弹后，左边两个定位轴承与左轨内侧自动贴合。

（2）上道后，准备进行数据采集，匀速推行仪器。在推行过程中，如需避车，按下"暂停"键，在暂停界面下对方向和高低进行标定，下车避道后在原位置上道继续推行，不影响数据的连续采集。推行中后退可删除已测数据，此种情况也不会影响数据的连续采集。如遇"S"形曲线、道岔，其测量方法如下：

"S"形曲线测量方法：由于该仪器测量的方向、高低为仪器纵梁所在的钢轨（称之为基准轨），线路上测量曲线部分主要要求测量曲线外股的方向（即正矢），因此，该仪器设计成可以在推行中使仪器测量的基准轨改变，而不改变推行方向。测量"S"形曲线时，测量第一个曲线按普通的曲线测量方法测量，在进入下一曲线前的 20 m（尽量大于 20 m）的直线上，将仪器的纵梁换到另一条钢轨上，基准轨换到另一条钢轨。

过道岔的测量方法：为确保在过道岔时（继续原轨道测量）不给里程带来测量误差。在道岔的岔起处按控制盒的"岔起"键，继续推行，在行至岔尖中心处按控制盒的"暂停"键，将仪器抬起平移至另一轨道的相同里程处，再按"暂停"键，显示测量的数据后，继续推行，在行至岔终处按控制盒的"岔终"键，继续推行测量。

3. 下道、装箱、转运

（1）检查仪在自动运行中要防止突然断电导致数据丢失，可在推行过程中按下"ENTER"键保存已测量数据。仪器在自动运行采集数据完毕时，在轨道检查状态按"ESC"键退出，再按"确定"键可将测试数据自动保存在面板内存中；用 U 盘导出检测数据，关机后拔出 U 盘，再将面板正常关机，电池的工作开关置于"空"位后仪器下道。

（2）仪器的拆分：根据仪器拆分程序，将面板、横梁、纵梁、电源、手推架等分别拆分回位，将仪器各表面擦拭干净后装箱（尤其是测量轮和走形轮必须清洁干净）。

（3）在不使用仪器或转移场地时，应将整机装入包装箱（纵梁和横梁分开装箱）后转运，包装箱内应有软质物减震，不能让该机在剧烈震动、强磁辐射的环境下运输。在不使用的情况下，应将仪器上的油污、雨水等拭干净，再装箱，木箱注意防潮。

（4）检测数据处理：将 U 盘带回或就地用笔记本电脑按数据处理软件将检测数据及时处理、分析及报表打印。

四、注意事项

（1）无论上道或下道，设备搁放到地上时，不得碰撞纵梁侧面的旋转编码器。

（2）测量过程中如遇下道或换道测量，务必按控制盒上的"暂停"键。

（3）控制盒中安装了液晶屏、单片机系统等，注意防震防冲击。

（4）仪器在走行时不要使用侧向力，走行速度要匀速、适中。过轨缝时注意匀速慢推，不能有猛烈的振动冲击，更不得有野蛮操作。

（5）测量曲线部分时，在曲线前应考虑曲线设置的特征点，注意打曲线特征标记，务必注意选准第 1 点或曲线起始点及终点。由于该机测量正矢是左轨向，所以推行方向应该与实际测量的方向一致，即纵梁应在曲线部分的上股钢轨，这样分析软件分析的数据才会更准确。

五、实习报告

1. 小组分工

序号	姓名	任务分工	序号	姓名	任务分工

2. 实训总结

实训总结	

六、思考题

（1）使用 Excel 建立一条给定线路的资料库，简述创建过程。

（2）根据所测数据练习生成超限报表，简述操作步骤。

任务二十三　曲线绳正法拨道

一、实训目的与要求

掌握绳正法的原理及步骤，能够完成绳正法拨道量的计算。

二、实训分组与仪器工具

每组 3~5 人，每组配备道尺、直尺、支距尺各 1 个。

三、实训方法与步骤

1. 实训任务

对一段曲线按照绳正法原理进行外业测量，并完成对曲线段正矢的计算。掌握梯形数列修正法的计算原理，完成曲线整正计算表的填写。

2. 作业程序

（1）外业测量正矢。

首先在曲线上每 10 m 设置测点（用弦代替弧），再用一根 20 m 长的弦线，两端拉近并贴靠轨道外轨内侧轨顶面下 16 mm 处，在弦线重点准确量出弦线至外轨内侧的距离。要求测量 3 次，取其平均值，读数要求四舍五入取整到毫米，如图 23.1 所示。

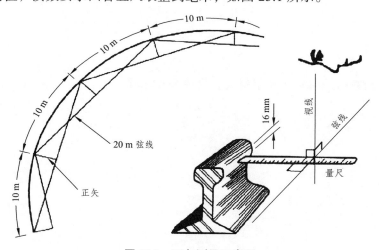

图 23.1　正矢测量示意图

（2）曲线计划正矢的计算。

①需要确定头尾标桩的曲线特征点计算：

a. 中央点位置（曲中点）

$$中央点位置（曲中点）=\frac{现场实量正矢倒累计合计}{现场实量正矢合计} \tag{23.1}$$

b. 圆曲线平均正矢

$$圆曲线平均正矢（f_平）=\frac{圆曲线实量正矢合计}{圆曲线测点数} \tag{23.2}$$

$$圆曲线平均正矢（f_平）=\frac{50\ 000}{R} \tag{23.3}$$

c. 圆曲线分段数

$$圆曲线分段数=\frac{现场实量正矢合计}{圆曲线平均正矢（f_平）} \tag{23.4}$$

d. 圆曲线头尾（ZY、YZ）位置的计算

$$圆曲线（ZY）=曲线中央点-\frac{曲线长分段数}{2} \tag{23.5}$$

$$缓直点（HZ）=曲线尾（YZ）+\frac{缓和曲线长分段数}{2} \tag{23.6}$$

e. 缓和曲线长度的计算

$$缓和曲线长度L_h=10 \cdot m（m） \tag{23.7}$$

f. 直缓、缓圆、圆缓、缓直各点位置的计算

$$直缓点（ZH）=曲线头（ZY）-\frac{缓和曲线长分段数}{2} \tag{23.8}$$

$$缓圆点（HY）=曲线头（ZY）+\frac{缓和曲线长分段数}{2} \tag{23.9}$$

$$圆缓点（YH）=曲线尾（YZ）-\frac{缓和曲线长分段数}{2} \tag{23.10}$$

$$缓直点（HZ）=曲线尾（YZ）+\frac{缓和曲线长分段数}{2} \tag{23.11}$$

②头尾标桩齐全的曲线正矢计算：

a. 圆曲线计划正矢

$$f_y=\frac{50\ 000}{R} \text{ 或者 } f_y'=\frac{\sum f_y}{n} \tag{23.12}$$

b. 缓和曲线计划正矢

- 缓和曲线中间各点的计划正矢

$$f_i = m_i f_d, \quad f_d = \frac{f_y}{m} \qquad (23.13)$$

式中　m_i——缓和曲线由始点至测点 i 的测量段数；

　　　　f_d——缓和曲线相邻各点正矢递变率；

　　　　m——缓和曲线全长按 10 m 分段数；

　　　　f_y——圆曲线正矢。

- 缓和曲线 ZH、HZ 的计划正矢（见图 23.2）

$$f_1 = \frac{b^3}{6} f_d, \quad f_2 = \left(b + \frac{a^3}{6}\right) f_d \qquad (23.14)$$

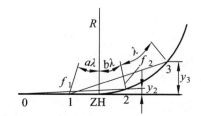

图 23.2　缓和曲线 ZH、HZ 的计划正矢

- 缓和曲线 YH、HY 的计划正矢（见图 23.3）

$$f_n = f_y - \left(b + \frac{a^3}{6}\right) f_d, \quad f_{n+1} = f_y - \frac{b^3}{6} f_d \qquad (23.15)$$

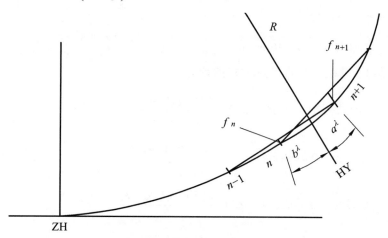

图 23.3　缓和曲线 YH、HY 的计划正矢

注：若计划正矢之和与实测正矢之和不相等，说明不满足曲线整正前后两端的直线方向不变的要求，排除计算错误后，可在适当测点上进行计划正矢的调整。

（3）拨后正矢的计算。

$$f_n' = f_n + e_n - \frac{e_{n-1} + e_{n+1}}{2} \qquad (23.16)$$

拨后正矢计算分为头尾标桩齐全和头尾标桩缺失两种情况，分别填入表 23.1 和表 23.2。

四、注意事项

测量现场正矢是曲线整正计算前的准备工作，这项工作的质量好坏直接关系到计算工作，并影响到拨后曲线的圆顺。因此应注意以下几点：

（1）测量现场正矢前，先用钢尺在曲线外股按计划的桩距（10 m）丈量，并画好标记和编出测点号。测点应尽量与直缓、缓圆等点重合。

（2）测量现场正矢时，应避免在大风或雨天进行，弦线必须抽紧，弦线两端位置和量尺的位置要正确。在踏面下 16 mm 处量，有肥边应在肥边处量，肥边大于 2 mm 时应铲除之，每个曲线至少要丈量 2~3 次，取其平均值。

（3）如果直线方向不直，就会影响整个曲线，应首先将直线拨正后再量正矢；如果曲线头尾有反弯（鹅头）应先进行整正；如果曲线方向很差，应先粗拨一次，但拨动部分应经列车辗压且稳定以后，再量取现场正矢，以免现场正矢发生变化，而影响拨道量计算的准确性。

（4）在测量现场正矢的同时，应注意线路两旁建筑物的界限要求和桥梁、隧道、道口、信号机等建筑物的位置，以供计划时考虑。

五、实习报告

1. 小组分工

序号	姓名	任务分工	序号	姓名	任务分工

2. 外业记录

3. 计算拨量

4. 实训总结

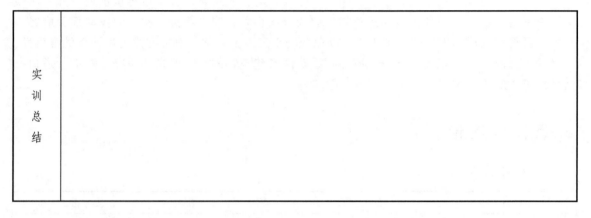

六、思考题

（1）简述曲线绳正法拨道的原理。

（2）简述曲线绳正法拨道拨量的计算步骤。

表 23.1　头尾标桩齐全的曲线拨量计算

测点	实量正矢倒累计	实量正矢	计划正矢	正矢差	正矢差累计	修正量	半拨量	拨量	拨后正矢	记事
（1）	（2）	（3）	（4）	（5）	（6）	（7）	（8）	（9）	（10）	（11）
1		4	4							ZH
2		19	22							
3		47	45							
4		62	67							
5		92	89							
6		108	111							
7		146	134							
8		145	152							HY
9		158	156							
10		162	156							
11		152	156							
12		151	156							
13		158	156							
14		150	151							YH
15		132	132							
16		106	109							
17		92	87							
18		66	65							
19		43	42							
20		20	20							
21		0	3							HZ
Σ	0									

计算说明：

（1）正矢差倒累计：斜加平写。

（2）正矢差=实量正矢−计划正矢；正矢差的正值与负值应相等。

（3）计划正矢差用：斜加平写的方法计算。

（4）修正正矢差累计：用梯形修正法在一些测点上，加一些与正矢差累计合计的符号相反、总的数值相同的修正量。

（5）计算半拨量：用平加下写的方法，半拨量=前点正矢差累计+前点修正量+前点半拨量。

（6）计算拨量：拨量=半拨量×2。

（7）计算拨后正矢：拨后正矢=实量正矢+拨量−（前点拨量+后点拨量）/2

表 23.2　头尾标桩缺失的曲线拨量计算

测点	实量正矢倒累计	现正场矢	计正划矢	正矢差	正累矢差计	差修累计正	半拨量	拨量	拨正后矢	备注
一	二	三	四	五	六	七	八	九	十	
1		1								
2		7								
3		9								
4		10								
5		17								
6		20								
7		26								
8		30								
9		32								
10		38								
11		44								
12		44								
13		48								
14		53								
15		58								
16		60								
17		60								
18		60								
19		60								
20		57								
21		60								
22		62								
23		60								
24		62								
25		60								
26		56								
27		53								
28		49								
29		45								
30		42								
31		37								
32		34								
33		31								
34		25								
35		22								
36		18								
37		14								
38		9								
39		5								
40		2								
Σ										

任务二十四 曲线缩短轨配轨计算

一、实训目的与要求

掌握曲线缩短量计算，能够合理配置缩短轨的数量。

二、实训方法与步骤

1. 实训任务

已知曲线半径 R=600 m，圆曲线长 L_y=145.49 m。两端缓和曲线长度各为 L_h=100 m，标准轨长 L_b=25.00 m，计划轨缝 10 mm，直线上最后一根钢轨进入缓和曲线内 6.25 m，列表计算缩短轨配置。

2. 方法步骤

（1）缩短量计算。

如图 24.1 所示，AB 和 $A'B'$ 分别为曲线轨道上的外股轨线和内股轨线，AA' 和 BB' 为两个任意断面，半径之间的夹角为 φ，并等于：

$$\varphi = \varphi_2 - \varphi_1 \tag{24.1}$$

外股轨线 AB 长为：

$$AB = \int_{\varphi_1}^{\varphi_2} \rho_1 \mathrm{d}\varphi \tag{24.2}$$

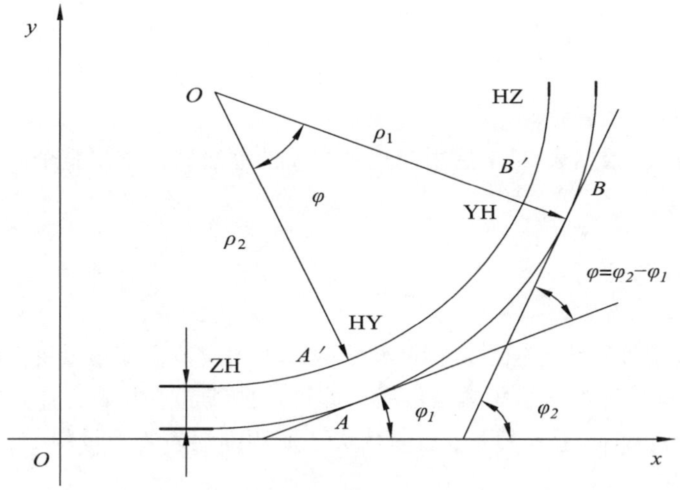

图 24.1 缩短轨计算图示

式中 φ_1——外股轨线上 A 点的切线与曲线始点切线间的夹角；

        φ_2——外股轨线上 B 点的切线与曲线终点切线间的夹角；

        ρ_1——外股轨线半径；

        ρ_2——内股轨线半径。

由 φ 角对应的内外股轨线弧长之差，即为 φ 角范围内的内轨缩短量 Δl，即：

$$\Delta l = \int_{\varphi_1}^{\varphi_2} (\rho_1 - \rho_2) \mathrm{d}\varphi = \int_{\varphi_1}^{\varphi_2} S\mathrm{d}\varphi = S\varphi \tag{24.3}$$

式中 S——内外两股轨线中线间距离，取 1 500 mm；不计轨距加宽量。

① 如为圆曲线，AA' 及 BB' 分别为其始终点，则 $\varphi = \dfrac{l_c}{R}$。这样，对应于圆曲线的缩短量：

$$\Delta l = \frac{Sl_c}{R} \tag{24.4}$$

式中 l_c——圆曲线长度；

       R——圆曲线半径。

② 如为缓和曲线，对应的夹角 φ_1、φ_2 由下列公式计算：

$$\varphi_1 = \frac{l_1^2}{2Rl_0} , \quad \varphi_2 = \frac{l_2^2}{2Rl_0} \tag{24.5}$$

式中 l_1，l_2——缓和曲线起点至计算断面的曲线长度；

       l_0——缓和曲线长度。

将 φ_1、φ_2 代入式（24.3），得缩短量为：

$$\Delta l = S(\varphi_2 - \varphi_1) = \frac{S}{2Rl_0}(l_2^2 - l_1^2) \tag{24.6}$$

故可得整个曲线（包括圆曲线和两段缓和曲线）的总缩短量为：

$$\Delta l = \frac{2Sl_0}{R} + \frac{Sl_c}{R} \tag{24.7}$$

（2）缩短轨的数量及配置。

计算出缩短量后，根据表 24.1 选用缩短量为 k 的缩短轨，求出整个曲线上所需的缩短轨根数 N_0。

$$N_0 = \frac{\Delta l}{k} \tag{24.8}$$

显然 N_0 不能大于外轨线上铺设的标准轨根数，否则应该用缩短量更大的缩短轨。确定所采用的那一种缩短轨并计算出缩短轨根数后，即可从曲线起点开始，计算每个接头对应的总缩短量。当实际缩短量小于总缩短量，且差值大于所用缩短轨缩短量的 1/2 时，就应在该处布置一根缩短轨。

表 24.1　曲线缩短轨选择表　　　　　　　　　　　　　　　　　　　　　mm

曲线半径/m	标准轨长/m	
	12.5	25
4 000～1000	40	40、80
800～500	40	80、160
450～300	80	160
250～200	120	

例 24.1：缓和曲线长 80 m，圆曲线长 28.27 m，曲线半径 400 m，第一根钢轨进入曲线的长度为 7.06 m，用 12.50 m 标准轨及 12.42 m 的缩短轨铺设（即缩短量为 80 mm），如图 24.2 所示，试计算缩短量及缩短轨。

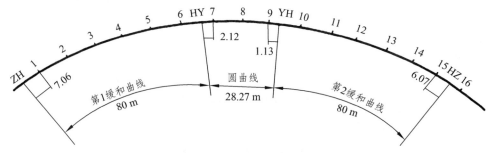

图 24.2　缩短轨计算例题图

【解】计算缩短量及缩短轨。

（1）圆曲线的缩短量：

$$缩圆×\frac{1\,500×圆曲线长（m）}{曲线半径（m）}=\frac{1\,500×28.27}{400}=106\ mm$$

（2）一端缓和曲线的缩短量：

$$缩缓×\frac{1\,500×一端缓和曲线长（m）}{2×曲线半径（m）}=\frac{1\,500×80}{2×400}=150\ mm$$

（3）整个曲线的总缩短量：

$$缩总=缩圆+2×缩缓=106+2×150=406\ mm$$

（4）缩短轨根数：

$$根数=\frac{缩总}{一根缩短轨的缩短量（m）}=\frac{406}{80}=5.1\ 根（用5根）$$

确定缩短轨的铺设位置。计算过程如表 24.2 所示。

表 24.2　曲线缩短轨布置计算表

接头号数	由直缓或缓圆到接头的距离/m	接头总缩短量/mm	标准轨(○)或缩短轨(×)	实际缩短量/mm	接头错开量/mm	备注
（1）	（2）	（3）	（4）	（5）	（6）	（7）
1	7.06	$缩(1)=\dfrac{1500\times7.06^2}{2\times400\times80}=0.023\,4\times7.06^2$	○	0	−1	进入缓和曲线 7.06 m
2	7.06+12.51=19.57	$缩(2)=0.023\,4\times19.57^2=9$	○	0	−9	
3	19.57+12.51=32.08	$缩(3)=0.023\,4\times32.08^2=24$	○	0	−24	
4	32.08+12.51=44.59	$缩(4)=0.023\,4\times44.59^2=47$	×	80	+33	
5	44.59+12.51=57.10	$缩(5)=0.023\,4\times57.10^2=76$	○	80	+4	
6	57.10+12.51=69.61	$缩(6)=0.023\,4\times69.61^2=113$	○	80	−33	
7	69.61+12.51=82.12	$缩(7)=0.023\,4\times80^2+\dfrac{1\,500\times2.12}{400}=158$	×	160	+2	进入圆曲线 2.12 m
8	2.12+12.51=14.63	$缩(8)=150+\dfrac{1\,500\times14.63}{400}=205$	×	240	+35	
9	14.63+12.51=27.14	$缩(9)=150+\dfrac{1\,500\times27.14}{400}=252$	○	240	−12	
10	27.14+12.51−28.27=11.38 80.00−11.38=68.62	$缩(10)=406-0.023\,4\times68.62^2=296$	×	320	+24	进入缓和曲线 11.38 m
11	68.62−12.51=56.11	$缩(11)=406-0.023\,4\times56.11^2=332$	○	320	−12	
12	56.11−12.51=43.60	$缩(12)=406-0.023\,4\times43.06^2=361$	×	400	+39	
13	43.60−12.51=31.09	$缩(13)=406-0.023\,4\times31.09^2=383$	○	400	+17	
14	31.09−12.51=18.58	$缩(14)=406-0.023\,4\times18.58^2=398$	○	400	+2	
15	18.58−12.51=6.07	$缩(15)=406-0.023\,4\times6.07^2=405$	○	400	−5	

在表中：

① 第（2）栏为每个接头到直缓点或缓圆点的距离。例如：

7.06——1 号接头到直缓点的距离（实地测量）。

19.57——2 号接头到直缓点的距离（计算得来）。

14.63——8 号接头到缓圆点的距离（计算得来）。

② 第（3）栏为各接头处的总缩短量。

例如：第 7 号接头有 10.39 m 在缓和曲线上，有 2.12 m 进入圆曲线，其总缩短量应为一端缓和曲线总缩短量加 2.12 m 长的圆曲线缩短量。

③ 第（4）栏为缩短轨的布置。

"○"代表标准轨，"×"代表缩短轨。

当计算的缩短轨量大于缩短轨缩短量的一半时，插入一根缩短轨。

④ 第（5）栏为实际缩短量。

例如：4 号接头插入第 1 根缩短轨，实际缩短量 80 mm；7 号接头插入第 2 根缩短轨，实际缩短 160 mm。

⑤ 第（6）栏为接头错量。

接头错量=第 5 栏-第 3 栏。例如：

1 号接头错量-0-1=-1

4 号接头错量=80-47=33

"+"表示上股在前；"-"表示下股在前。

三、注意事项

当实际缩短量小于总缩短量，且差值大于所用缩短轨缩短量的 1/2 时，就应在该处布置一根缩短轨。

四、思考题

（1）为什么要在曲线里股配置缩短轨？

（2）列表计算缩短轨配置时，两端缓和曲线计算有何不同？

（3）为什么在计算缓和曲线弧线长度差时，其计算所取长度只取实际长度的二分之一？

（4）某线路圆曲线半径为 1 000 m，缓和曲线 l_0=120 m，圆曲线长 l_c = 256.3 m，铺设的标准轨长度 L=25 m。曲线起点至第一根钢轨进入曲线的长度为 7.3 m，里程为 K253+49.52，试进行该曲线的配轨计算并进行布置。

任务二十五　铁路工程线路沉降变形观测施工方案编制实训

一、实训目的

学生在完成工程测量、铁路工程施工测量技术应用这两门工程测量方面课程的基础上，结合已经学习的铁路轨道工程、铁路路基工程、桥梁工程以及隧道工程等专业知识，编制某一具体铁路工程施工测量方案。通过各专业知识的融会贯通，学生应掌握铁路工程测量方案编制的基本流程与方法，熟悉铁路工程测量方案包含的基本内容，提高对工程施工规范和工程测量规范的应用能力，增强工程实践意识和创新能力，锻炼独立思考与解决问题的能力，为今后从事相关专业工作打下坚实的基础。

二、实训任务

1. 任务名称

某高速铁路工程沉降变形观测方案编制。

2. 工程概况

已知某新建高速铁路工程 TJ3 标段，计划工期为 2018 年 3 月 1 日至 2019 年 12 月 31 日，线路起讫里程为 DK15+367~DK20+127，正线总长为 4.76 km。其中：路基 2.173 km，路基统计表见表 25.1，路基断面设计示意图见图 25.1；桥梁 0.587 km，桥梁统计表见表 25.2，桥梁结构示意图见图 25.2、图 25.3、图 25.4；隧道 2 km，隧道统计表见表 25.3，隧道施工示意图见图 25.5、图 25.6。

表 25.1 路基统计表

序号	起讫里程	长度/m	备注
1	DK15+367~DK15+832	465	路堤
2	DK15+992~DK16+355	363	软土、路堑
3	DK16+901~DK17+118	217	路堑
4	DK17+118~DK17+435	317	路堑
5	DK17+611~DK18+422	811	软土、路堤

表 25.2 桥梁统计表

序号	起讫里程	长度/m	备注
1	DK15+832~DK15+992	160	5×32 m 简支梁，桥墩高 8~13 m，结构示意图如图 25.2 所示
2	DK17+435~DK17+611	176	(48+80+48) m 连续梁，桥墩高 20 m 以上，结构示意图如图 25.3 所示
3	DK19+876~DK20+127	251	7×32 m 简支梁，桥墩高 15~20 m，结构示意图如图 25.4 所示

表 25.3 隧道统计表

序号	起讫里程	长度/m	备注
1	DK16+355~DK16+901	546	隧道，Ⅲ级围岩，台阶法施工，如图 25.5 所示
2	DK18+422~DK19+876	1454	隧道，Ⅳ级围岩，三台阶法施工，如图 25.6 所示

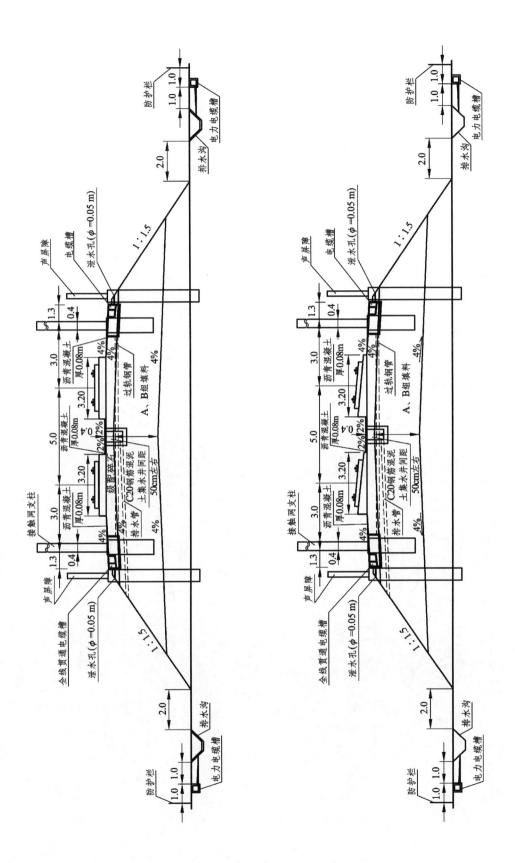

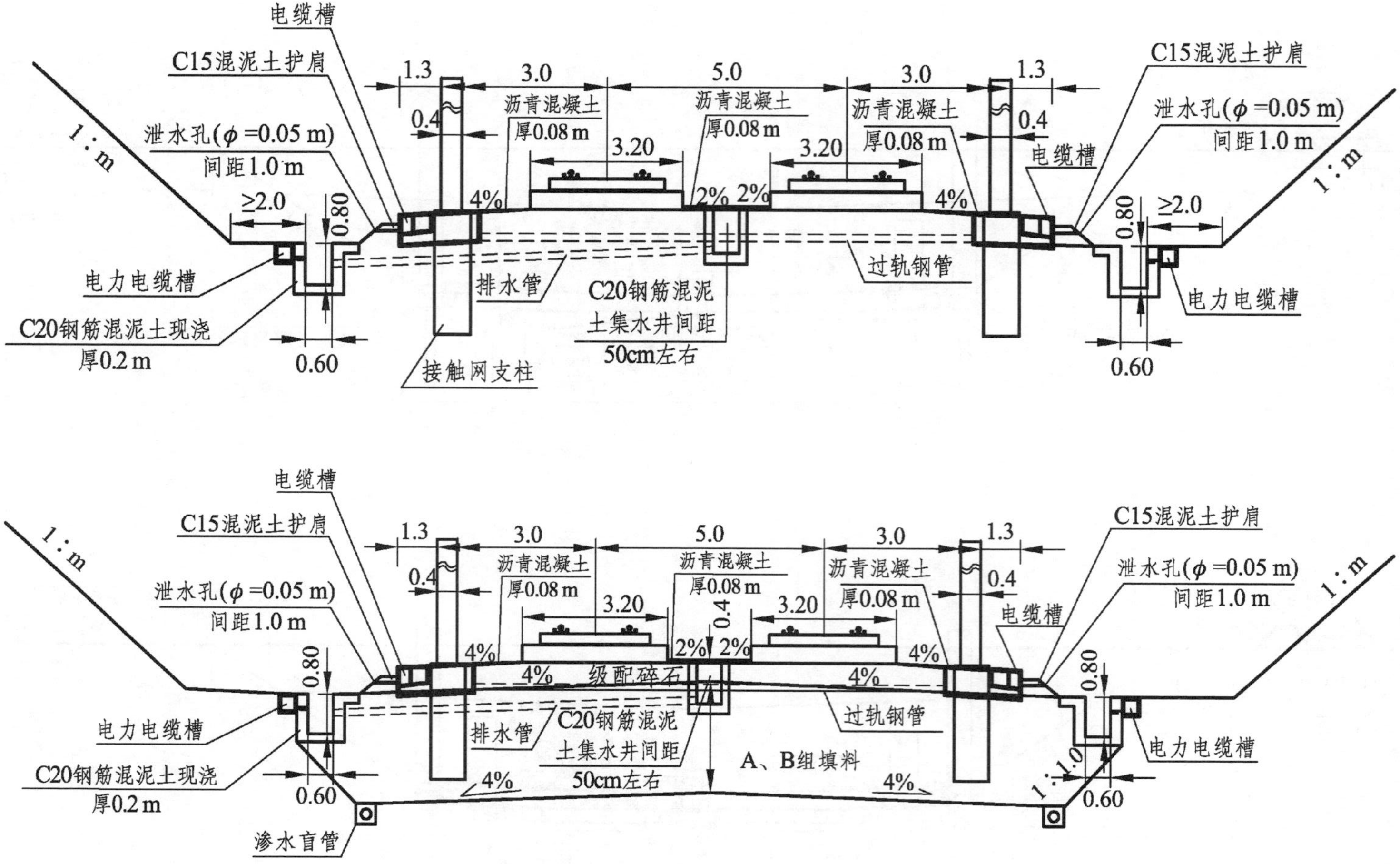

图 25.1 路基断面设计示意图

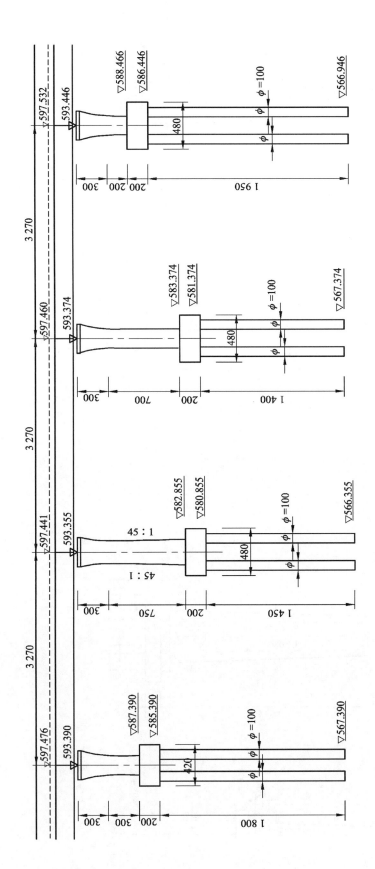

图 25.2 5×32 m 简支桥梁示意图

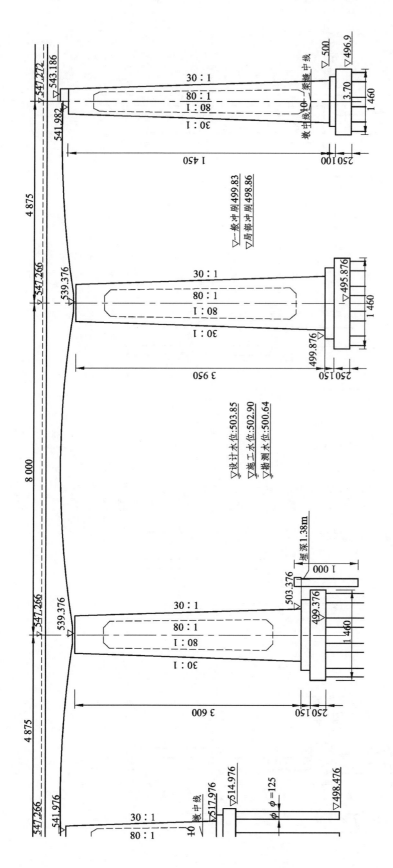

图 25.3 (48+80+48) m 连续桥梁示意图

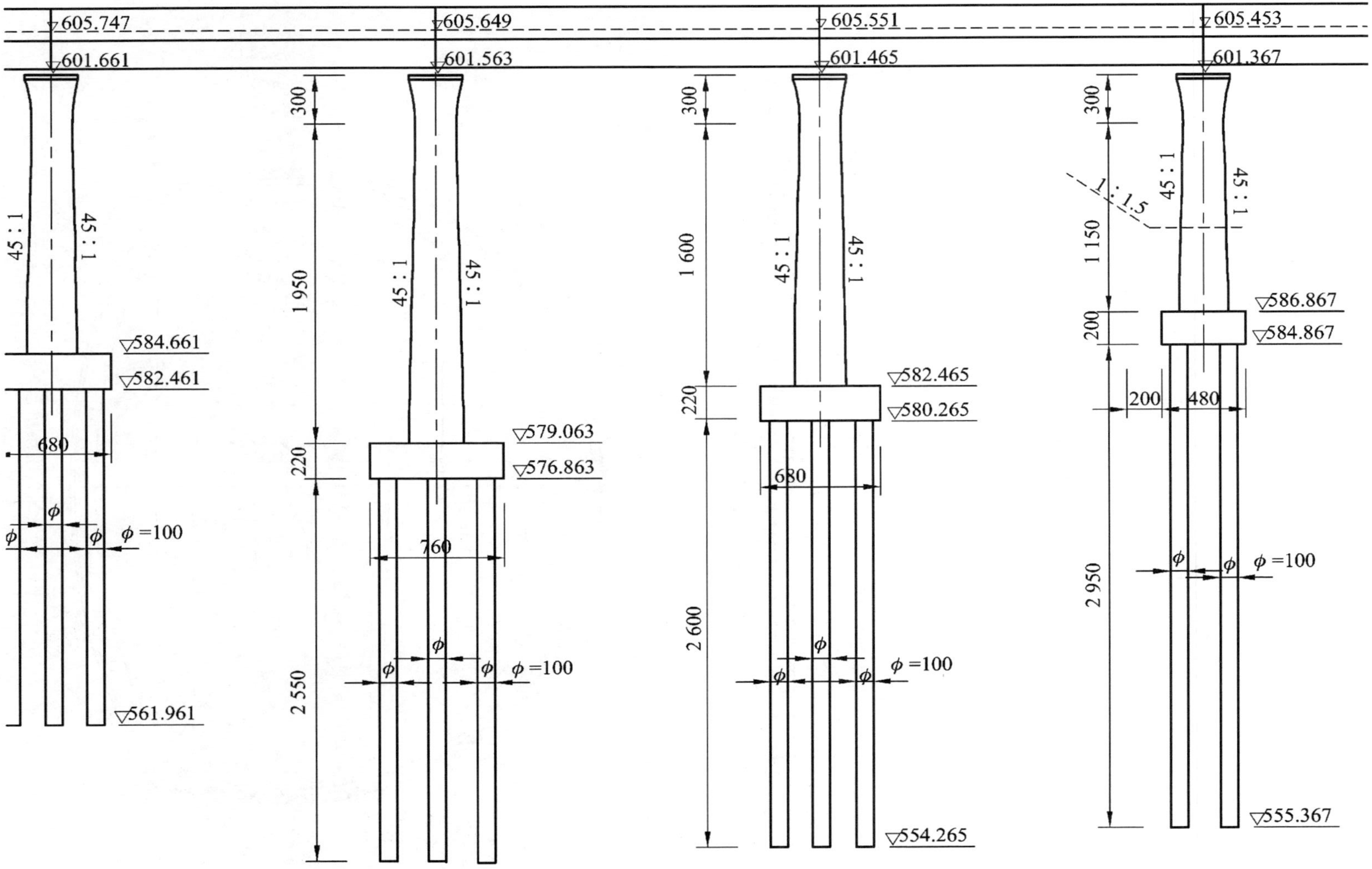

图 25.4　7×32 m 简支梁示意图

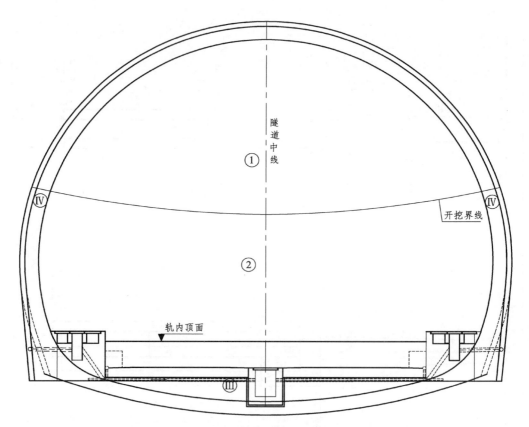

图 25.5　台阶法施工示意图

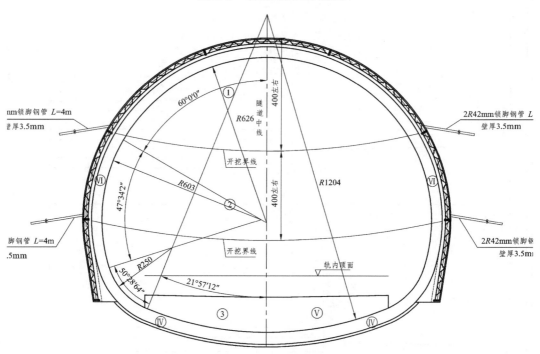

图 25.6　三台阶法示意图

3. 主要技术标准

（1）铁路等级：客运专线

（2）轨道类型：无砟轨道

（3）正线数目：双线

（4）设计速度：250 km/h

（5）线间距：5.0 m

（6）最小曲线半径：一般地段 3500 m，困难地段 3000 m

（7）限制坡度：20‰，局部不大于 30‰

（8）牵引种类：电力

（9）列车类型：动车组

三、参考规范

（1）《高速铁路工程测量规范》（TB 10601—2009）

（2）《国家一、二等水准测量规范》（GB12897—2006）

（3）《工程测量规范》（GB0026—93）

（4）《铁路工程沉降变形观测与评估技术规程》（Q/CR9230—2016）

（5）《铁路隧道监控量测技术规程》（QCR9218—2015）

四、实训步骤及要求

（1）仔细研读实训任务，熟悉工程概况及工程特点，在明确实训内容的基础上，从已知资料中，筛选重要信息，为接下来的方案编制奠定基础。

（2）查阅相关规范，结合已经学习过的相关专业知识和已知资料中的重要信息，找到适用于本实训任务的规范条款，并认真学习。

（3）编写沉降变形观测方案目录，明确方案包括的基本内容。

（4）编写沉降变形观测组织方案，组织方案中需包括本工程沉降变形观测的管理机构、人员分工、仪器配备及管理制度等内容。

（5）编写沉降变形观测基准网布设方案，需包括基准网布设方法及具体要求。

（6）编写路基沉降变形观测方案，需包括路基沉降变形观测方法、沉降变形观测断面表、断面测点布置图、测点布置形式、观测频次等，辅以相关的图示说明。

（7）编写桥梁沉降变形观测方案，需包括桥梁沉降变形观测、测点布置图、测点布置形式、观测频次等，辅以相关的图示说明。

（8）编写隧道监控量测方案（只编写必测项目），需包括观测方法、观测断面表、测点布置图、测点布置形式、观测频次等，辅以相关的图示说明。

（9）编写保证沉降变形观测任务顺利完成的保障措施，比如安全保障措施、应急预案等。

（10）汇总、整理、完善各单项方案，形成最终的铁路工程沉降变形观测方案。

五、实训成果

1. 铁路工程沉降变形观测方案

2. 实训总结报告

实训总结	